北京大学新中国留华校友口述实录 丛书
夏红卫 孔寒冰 主编

中国，我的第二故乡

巴勒斯坦前驻华大使
穆斯塔法·萨法日尼口述

孔寒冰　编著

北京大学出版社
PEKING UNIVERSIYT PRESS

图书在版编目(CIP)数据

中国,我的第二故乡:巴勒斯坦前驻华大使穆斯塔法·萨法日尼口述 / 孔寒冰编著. —北京:北京大学出版社,2016.6
(北京大学新中国留华校友口述实录丛书)
ISBN 978-7-301-27098-1

Ⅰ.①中… Ⅱ.①孔… Ⅲ.①穆斯塔法·萨法日尼—回忆录 Ⅳ.① K833.537=6

中国版本图书馆 CIP 数据核字(2016)第 102415 号

书 名	中国,我的第二故乡:巴勒斯坦前驻华大使穆斯塔法·萨法日尼口述 Zhongguo, Wo de Di'er Guxiang
著作责任者	孔寒冰 编著
责任编辑	丁 超
标准书号	ISBN 978-7-301-27098-1
出版发行	北京大学出版社
地 址	北京市海淀区成府路 205 号 100871
网 址	http://www.pup.cn
新浪微博	@北京大学出版社 @培文图书
电子信箱	pw@pup.pku.edu.cn
电 话	邮购部 62752015 发行部 62750672 编辑部 62750112
印 刷 者	北京市松源印刷有限公司
经 销 者	新华书店
	889 毫米 ×1194 毫米 32 开本 6.5 印张 180 千字 2016 年 6 月第 1 版 2016 年 6 月第 1 次印刷
定 价	42.00 元(精装)

未经许可,不得以任何方式复制或抄袭本书之部分或全部内容。
版权所有,侵权必究
举报电话:010-62752024 电子信箱:fd@pup.pku.edu.cn
图书如有印装质量问题,请与出版部联系,电话:010-62756370

"北京大学新中国留华校友口述实录丛书"
编委会

顾　　　问：朱善璐　林建华
编委会主任：李岩松
编委会副主任：夏红卫　孔寒冰
编　　　委（按姓氏笔画排序）：
　　　　　　丁　超　王　博　王明舟
　　　　　　王　勇　马　博　宁　琦
　　　　　　任羽中　孙祁祥　孙秋丹
　　　　　　李宇宁　张　帆　陆绍阳
　　　　　　陈峦明　陈跃红　周　静
　　　　　　孟繁之　赵　杨　项佐涛
　　　　　　贾庆国　高秀芹　康　涛
　　　　　　蒋朗朗　韩　笑
主　　　编：夏红卫　孔寒冰

"北京大学新中国留华校友口述实录丛书"
总序

中国的儒家讲究"己欲立而立人,己欲达而达人"的仁道,这一直是中华文明处理与外来文明之间关系的伦理原则。在我看来,"立人"与"达人"的精神,正是我们毫无保留、尽心竭力培养外国来华留学生的思想资源。几千年的历史发展使中国形成了开放包容、和谐共生的文化传统。在这样的传统之下,中华文明不仅有极强的学习能力、调适能力,而且具有高度的文化自觉和自信。我们既能够诚心诚意地当"学生",也常常是其他文明的"先生"。在中外文明交流互鉴的过程中,"留学生"扮演了十分重要的角色。比如,大家都熟知的"遣隋使""遣唐使"就曾极大促进了中华优秀文化走向世界,也深刻影响了东亚地区的历史进程。

北大是近代中国向西方学习的产物，更是中华文明自身发展演进的结晶。大学之所以成为大学，最根本的就在于她具有穿越时空的精神力量和文化价值。大学精神的影响不仅局限于校园之内，更有助于生成和塑造一个民族的精神内核和文化品格，也在某种程度上代表了一个民族对外的形象与对世界的承诺。从创办之初，北大就怀抱着"为五洲万国所共观瞻"的国际化抱负，既致力于"西学东渐"，又始终积极推进"东学西渐"。一百多年来，一代代北大人以开阔的视野和胸襟，秉承着为中国也为全人类培养一流优秀人才的崇高使命，积极发展留学事业。1952年9月，"东欧交换生中国语文专修班"14名外国留学生的建制调整到北京大学，从那时开始，一直到今天大力实施《留学中国计划》和《留学北大计划》，燕园里的外国留学生规模不断扩大，办学层次和教育质量不断提升，先后有来自超过190个国家和地区的逾6万名留学生曾在这里求学问教。北大校园里汇聚了来自五洲四海的青年才俊，大家相互尊重、相互学习、和谐相处、共同进步，使北大真正成为文明交流对话的重要桥梁。

在留学北大的外国校友中，涌现出了很多杰出的代表，比如，现任埃塞俄比亚总统穆拉图·特肖梅先生在北大完成了他的本科、硕士和博士教育。李克强总理到埃塞俄比亚访问时，赠送给他的礼物是北京大学的画册。

很多媒体说，这是"师兄弟"会见。我本人也不止一次接待过穆拉图总统。他对北大有很深厚的感情，这种深情，不亚于任何一个中国学生，让人非常感动。德国著名汉学家罗梅君教授在北大学习多年，在中国近现代史研究，特别是中国马克思主义史学在20世纪40年代的发展研究方面，取得了重要成果。我也曾与她多次交流，以她为代表的北大培养的汉学家，热爱中国、理解中国，而且为促进中外学术文化交流作出了不可替代的贡献。CNN北京分社前社长吉米先生，从北大毕业后在《时代周刊》、CNN等知名的外国媒体任驻华记者，多次参加中国两会等重要活动的报道，采访过中国的许多国家领导人，在帮助世界了解改革开放以来的中国方面作出了巨大贡献。他对母校的事情非常关心，2010年至今担任北大国际校友联络会会长，把自己40多年收藏的几百本书捐给了母校。巴勒斯坦前驻华大使穆斯塔法·萨法日尼先生，先在北大学习汉语，后来攻读学士、硕士、博士学位，之后多年担任驻华大使。他和其他许多在华担任外交官的校友一起，为中国和他们所在国之间的友好交往付出了许多努力。多年来，他还坚持从自己繁忙的工作中挤出时间，为母校开设阿拉伯语课。塞尔维亚"东方之家"的副主席玛丽娜校友，20多年来精心耕耘，为中塞文化的传播和交流作出了巨大贡献，2014年12月，李克强总理访问塞尔维亚时还接见了她。在一次会面中,玛丽娜校友曾向我这样讲:"我觉得,我既是塞尔维亚人,也是中国人。北大就是我的家。"据统计,从北大走出的国际校友中,担任所在国家部级以上官员及驻华大使的超过50人,活跃在当今汉学界的大批汉学家和孔子学院的外方院长都有在北大留学和从事研究的经历,还有更多的国际校友从事教育科研、公共管理、医疗卫生、经贸合作、新闻媒体等领域的工作。

北大有这么多优秀的留学生校友,这是北大的财富,是中国的财富。这些留学生校友,已经成为不同国家不同行业的栋梁人才。与此同时,他们还是加强中国同世界各国友好往来的桥梁和纽带。他们既是视角更独特的见证者,也是中外文化交流的探索者和践行者。他们讲述着也在书写着中国的故事、北大的故事,他们的经历、他们的成就、他们的思想与情感,都在帮助世界更加全面客观地了解和认识中国,也在帮助中国更好地走向世界。因此,用口述历史的形式,收集和整理北大来华留学生的留学记忆与中国故事,有着重要的学术价值和现实意义。这些生动的记录和个人化的叙事,不仅是对宏大历史的补充,也是十分宝贵的史料,必将有助于北大系统梳理来华留学教育工作在不同历史阶段的发展历程和人才培养成果,也为理解新中国的政治、外交、文化、教育历史,提供一批很有价值的资料。

一直以来,北大都非常重视留学生校友工作,在国际合作部专门下设了一个留学生校友联络办公室，负责联络、服务留学生校友，也注意总结梳理开展留学教育的历史经验，并以出版物的形式整理留学记忆。1998年北大百年校庆时，北大就曾出版了反映留学生学习生活的画册及录像带《海外学子在燕园》。其后，以110周年校庆和纪念新中国接收外国留学生60周年为契机，我们又先后出版了《红楼飞雪：海外校友情忆北大》和《燕园流云：世界舞台上的北大外国留学生》两本文集。这些出版物形象生动地展现了来华留学生的风采，其中蕴含的理念、梳理的历史、总结的经验也已经成为北大外事工作者重要的积累，而且还在全国高校以及海内外几十万北大校友中引起了很好的反响。还有三年时间，北京大学即将迎来120周年华诞，在这个具有重要历史意义的节点上，学校正式启动了"北京大学新中国留华校友口述实录计划"，邀请相关领域的专家学者，对留学生校友中有代表性的人士进行访谈，记录、整理、出版他们的故事。

习近平主席指出："新中国成立以来特别是改革开放以来，党和国家高度重视留学事业，制定和实施一系列方针政策，推动我国留学事业取得了令人瞩目的成绩，留学事业为我国改革开放和社会主义现代化建设作出了重要贡献。"留学工作是我国教育文化事业的重要组成部分，随着中国在经济社会文化的快速发展，国际地位不断提升，国际影响不断增强，留学生工作的地位还会更加重要。"西海东瀛涨落潮，万国衣冠舞九韶"，北大将把实施国际化战略作为学校发展的根本战略，始终坚持立足中国、面向世界、内外融合，努力为世界培养更多具有北大底蕴、中国情怀、国际视野的高素质人才！

最后还希望说明的是，口述史是针对个人在特定的场域空间内对社会和事件表述的研究，在一定程度上超越了民族、种族、国家、性别、年龄等现代"分类技术"的控制，能够真实地呈现行动者在一定社会背景下的社会行动和社会记忆，具有独特的学科特征和研究优势。在策划、出版这套丛书的过程中，编委会提出，要始终坚持严谨的态度，尽最大可能突出其学术价值。不仅忠实于受访者的讲述，并且通过访谈第三方、查考档案资料等方式进行考订、补充，更好地还原历史。此外，在整理过程中，努力保持文字的鲜活，使之可信也可读。当然，由于水平所限，丛书中难免存在不少错谬，敬请方家批评。

谨以此丛书献给所有关心、支持、参与新中国来华留学事业的国内外朋友，献给北京大学 120 周年校庆！

北京大学副校长、丛书编委会主任　李岩松
2015 年 8 月

Contents | 目录

001 | 引　言
005 | 第一章　家乡和青少年时代
015 | 第二章　初次来中国
024 | 第三章　第二次来中国
032 | 第四章　在北京大学半工半读
052 | 第五章　燕园之恋
064 | 第六章　阿拉法特的柬埔寨问题特使
085 | 第七章　巴勒斯坦驻华大使
112 | 第八章　对巴以冲突的看法
122 | 第九章　亲历巴中关系
142 | 第十章　我和阿拉法特
159 | 第十一章　阿拉伯信息中心
166 | 第十二章　我眼中的朝鲜
174 | 第十三章　不了的北大情
182 | 第十四章　我观"一带一路"
194 | 致　谢

引 言

在所有访谈对象中,本书的主人公穆斯塔法·萨法日尼大使是我认识最早的。我们不仅是院友,而且还差不多是同门师兄弟。1989年,我进入北京大学国际政治系攻读博士学位。大概是次年的5月或6月间,穆斯塔法的博士论文答辩会在北大二院二楼会议室举行。虽然过去了25年多,但是我还依稀记得当时的一些情景。比如,答辩委员坐在主席台的位置,其中有赵宝煦、梁守德等知名教授。老穆坐在一张小桌子前面,用带有浓重阿拉伯腔调的中文和英文进行陈述和回答提问。他是国际政治系第一个进行论文答辩的博士研究生,也是第一个国际政治专业的博士。当时,我们这些旁听的在读博

士生都很羡慕他,也很敬佩他。不过,那时我与老穆并无交往,甚至没有打过招呼。老穆毕业后,我只是知道他出任了巴勒斯坦国驻华大使,在中国名气还是挺大的。

无论如何,有了这层渊源,在策划这套国际校友访谈丛书时,我首先想到的人就是穆斯塔法。经过国际合作部的沟通,老穆兄很爽快地答应了我的要求。25年之后,我们再一次见面是在阿拉伯信息中心他的办公室。办公室的装饰是阿拉伯特色的,最显眼的地方挂着一幅阿拉法特的半身像。我们一见如故,热情拥抱,一起回忆当年他博士论文答辩时的情景。谈及师长和同学,我们还是有许多共同的经历和感受。临别时,老穆还特意穿上了阿拉伯民族服装,头上戴着阿拉法特的方格头巾和我合影。

我和老穆的几次访谈是在临湖轩东北厅进行的,都是在他给外院阿拉伯语系的学生上完课之后。我静静地坐在沙发上,听老穆讲述他曲折的人生经历,讲述他在北大学习语言、历史和国际政治,讲述他和爱人在未名湖畔的浪漫事儿,讲述他经历过的中国"文化大革命",讲述他和阿拉法特的故事,讲述巴勒斯坦和中国的关系……老穆善谈,说起这些往事滔滔不绝,几乎没有我插嘴的机会,只是时不时地问我:"你明白吗?"在这个过程中,我不禁被老穆讲的故事内容所吸引,更为他的一片真情所感动。在倾听过程中,我真切地感受到,老穆是一个知恩图报的人。他感谢中国,时时刻刻都表

露着对中国几十年如一日支持巴勒斯坦人民民族解放运动的谢意,这几乎是讲述的一条主线,中国就是他的第二故乡。老穆感谢北大,反复说是燕园这方水土和这里的"园丁"把他从一个不谙世事的毛头小伙培养成为职业的外交官。用他自己的话说,没有北大的培养,就没有今天的老穆。

或许是以一个外交官的身份长期活动在国际政治舞台的缘故,老穆的讲述视野宽,有高度,在一些重大的国际问题上更有他独到的见解。所以,汇集本书的是老穆的所见所闻,所思所想,所作所为,对于理解东南亚、中东、巴以冲突、中国和阿拉伯国家的关系来说,是不可多得的宝贵资料,复杂的国际政治问题在他的讲述中都变得鲜活起来。

《中国,我的第二故乡:巴勒斯坦前驻华大使穆斯塔法·萨法日尼口述》是"北京大学新中国留华校友口述实录"丛书中的一本,由北京大学国际关系学院孔寒冰教授采访原巴勒斯坦驻华大使穆斯塔法·萨法日尼,并最终辑录成书。该书详细记述了穆斯塔法大使从上世纪70年代起入读北京大学以来的人生经历、事业成就,以及与北大之间难以割舍的情缘。

第一章　家乡和青少年时代

孔寒冰：北京大学1949年后不仅培养了很多优秀的中国学生，还培养了很多很多非常优秀的外国留学生。所以，前几年我去了罗马尼亚，在布加勒斯特采访了罗明先生一家。1950年，罗明先生和后来成为他妻子的萨安娜以及另外三名罗马尼亚青年来华留学。在以后的漫长岁月里，他们在中国和罗马尼亚的关系上，在国际事务中，在罗马尼亚的社会发展方面，在汉语传播领域都做了很多工作。根据对他们的访谈，我写了一系列文章并出版了《寒冰访罗明》一书。北京大学国际合作部的领导和学校的有关领导看了这本书之后，都认为这个创意特别好，希望将访谈对象进一步扩大，做成一个国际校友访谈系列，因为这是北大独有的资源。为了迎接北京大学建校120周年，访谈国际校友已经被列为学校的规划项目。对您的访谈就是这个项目的一部分。

在国际校友中，您可能是离我最近的。我之所以这样说，第一是因为您在北京工作，咱们的空间距离很近。第二是因为您是北京大学国际政治专业第一位获得博士学位的研究生，而我是国际共运专业第一位答辩的博士研究生。您答辩是在1990年，当时我们学院还叫国际政治系，只有国际政治和国际共运两个专业。在国际政治专业，您是第一个进行博士论文答辩的，第一个中国博士生是1991年答辩的。在国际共运专业，我是第一个答辩的，时间是1992年。我旁听了您的博士论文答辩会，对当时的情景还有比较深的印象。所以，从理论上讲，咱们还算是师兄弟呢，有一种比较特殊的亲近感。

我们做的这套国际校友访谈将以系列丛书的形式出版。受访的都是北京大学的国际校友，而且都是非常优秀的校友。但是，他们每个人的具体情况不一样，各有各的特点。就您而言，我想请您谈的除了您在北大的经历之外，还有您在发展中国和巴勒斯坦的关系中所起的作用，您在巴勒斯坦内政外交中所作出的贡献，并用您个人经历过的许多细节来说明这些。当然，在后期整理我们的访谈的时候，我也会参照您以前发表的文章和出版的著作。它们可以进一步丰富我们的访谈，也可以作为重要的补充。当然，如果您觉得哪些内容会对您造成影响，或者出于政治或国际关系方面的原因不方便说，您省略不讲也没关系。

我想先请您介绍一下自己的家乡和童年。您出生在什么地方，是什么时候离开家乡的？

萨法日尼：我是海法人，海法是一个美丽的城市。由于1948年第一次阿以战争，我和一些家人被迫移民到了约旦河西岸的土克里木市，并在那儿度过了我的童年，一直到小学毕业。现在仍生活在海法的亲戚和150多万生活在以色列的阿拉伯人一样，拿的都是以色列身份证。从中您可以看出我们巴勒斯坦人的处境是多么困难，多么艰苦，巴勒斯坦问题持续了半个多世纪还没有得到公正合理的解决。这两张照片，一张是我少年时拍的，另一张是我与父母的合影。

孔寒冰：约旦河西岸就是现在巴勒斯坦的一个地区，而海法是以色列北部的一个港口城市，您说您的家在海法，但成长于约旦河西岸，这是怎么回事？

萨法日尼：孔教授，中国朋友常说以史为鉴，没有任何人可以扭曲历史，但我必须要说明几点，您也完全可以根据希腊和罗马的历史、地理文献来证实如下事实。

阿拉伯半岛是阿拉伯人的故乡、摇篮和文明的发源地，公元前3500年，由于各种原因，例如半岛气候干旱、沙漠遍布、自然条件极为严酷，以及各部落间的长期冲突等都导致阿拉伯人（其中包括迦南人）被迫向现在的埃及、伊拉克、约旦、叙利亚、巴勒斯坦等地区移民，而当时的迦南人主要居住在现在的巴勒斯坦地区，所以说迦南人是第一个到这一地区定居的民族，他们是这个地区最早的原住民，这里就是他们的故乡。

此后，也就是从公元前3000年到20世纪初，整个这一地区，包括迦南地区连续受到外来侵略者和各个帝国的长期统治，先后有拜占庭帝国、波斯帝国、希腊帝国、罗马帝国、拿破仑帝国、奥斯曼帝国等，一直到第一次世界大战，英国打败奥斯曼帝国并统治了整个地区直到第二次世界大战。公元前1200年，希伯来人（犹太人）通过埃及的西奈半岛入侵迦南地区的一小部分区域，在杰里科市建立了犹太国家，70年后又分裂成两个国家，即犹太国和以色列国。以色列犹太国在历史上延续了不到100年，就被入侵整个地区的罗马帝国占领。从那时起犹太人和当地原住民就没有什么关系。所以说，希伯来人和其他外来侵略者一样也曾经入侵了巴勒斯坦的领土，占领了一段时间后又离开了。犹太复国主义者及其支持者试图歪曲这段历史，但历史事实是不容改变的，事实就是事实。

后来，英国打败了奥斯曼帝国，统治了包括巴勒斯坦在内的整个地区。1917年11月2日，英国外长发布所谓的"贝尔福宣言",代表英国政府传达"英皇陛下政府赞成犹太人在巴勒斯坦建立一个民族之家,会尽力促成此目标的实现,并已得到了内阁的支持"。第二次世界大战后,联合国成立,1947年11月29日通过了第181号决议(也就是分治决议),在总面积2.7万平方公里的巴勒斯坦的土地上建立两个国家,即阿拉伯国和犹太国。根据分治决议的蓝图,阿拉伯国国土为11203平方公里,约占当时巴勒斯坦总面积的43%;犹太国国土为14942平方公里,约占巴勒斯坦总面积的57%。决议还规定,成立耶路撒冷市国际特别政权,由联合国来管理。

在英国支持下,1948年以色列武装组织向阿拉伯巴勒斯坦发动了第一次阿以战争,以色列不仅占领了上述联合国决议中分给它的巴勒斯坦总面积的57%,还侵占了其他地区,包括西耶路撒冷,所占面积相当于巴勒斯坦总面积的68%以上。就这样,我们美丽的海法变成了以色列的一个市。很多巴勒斯坦人移民到周边国家,如约旦、叙利亚、黎巴嫩等。我们家的部分亲戚从海法移民到约旦河西岸。从我们离开家园成为难民起就一直期盼着能重回家园,但是我们已经等了很久很久。

孔寒冰:您还能记得小时候经历的一些事情吗?

萨法口尼:当然记得。我写过一本书,其中有一段写的就是第一次中东战争和第三次中东战争的情况。

1967年,以色列向阿拉伯国家发动第三次中东战争,这次战争持续了6天。以色列占领了埃及控制的加沙地带和西奈半岛、约旦控制的约旦河西岸、耶路撒冷旧城和叙利亚的戈兰高地。数百万阿拉伯平民逃离家园沦为难民。就是在这次战争之后,我们家又移民到了约旦。我的家人再次被迫分离,有的在老家海法,有的在约旦河西岸,有的在约旦。

在我小时候,有一件事深深地印在了我的脑海中。1948年的阿以战争造成了我的家庭成员天各一方。我记得我们和留在海法的亲人经常通过阿拉伯广播电台的节目互致问候。这个节目每周一次,被迫分散了的家庭都很关注这个节目,每年都会通过这个节目和远方的亲人约定时间在耶路撒冷古城和西城边界见面,一般见面有固定的时间和地点。

我还记得1959年,在一个阴云密布的冬日里,我们兄弟姐妹6人跟着父母,从约旦河西岸萨法人村出发,前往耶路撒冷那个固定的地方去看望我的姐姐。每当这时便有很多巴勒斯坦人从各地来到这里,就是为了见见他们的亲人。他们一大早就要赶去耶路撒冷,

有的从海法来,有的从别的地方来,各地的都有,所有人都聚在这个地方,中间被铁丝网隔开。到了铁丝网边上,只有一个小时的时间,每个人都在呼喊着他们亲人的名字,人很多也很混乱。我只听到爸爸大声呼喊我姐姐"海莉玛"的名字,目睹的这一幕让我印象深刻。我当时很诧异,姐姐为什么会在铁丝网的那一边,巴勒斯坦的问题是怎么回事,这些疑问对我以后参加法塔赫抵抗运动起了至关重要的作用。

孔寒冰:您家移民时,为什么有的人离开海法,而有的人就没有走呢?

萨法日尼:是的,不是我全家都离开了海法。没有任何人愿意离开自己的家园,放弃自己的家产。但是,犹太武装组织在英国统治者的支持下把大批的西欧犹太人移送到巴勒斯坦。他们不断地进攻、侵犯巴勒斯坦居民，对老百姓进行了多次大屠杀，在历史上也很著名。例如1948年4月9日的德尔亚辛大屠杀、1953年10月14日的凯比亚大屠杀等等。前一次的屠杀发生在耶路撒冷附近的德尔亚辛村，当时的犹太复国主义右翼恐怖组织打死了一百多名巴勒斯坦村民，包括妇女老人和儿童。凯比亚是约旦河西岸的一个村庄，以色列军人的这次袭击造成六十多名巴勒斯坦阿拉伯人死亡。至于为什么有人没有离开海法，原因也很简单。我们的家在海法，我们的土地在海法，我们的财产在海法，这些都需要有人去守护和照看。

孔寒冰：我知道法塔赫是巴勒斯坦民族解放运动的简称，是亚西尔·阿拉法特1959年创立的，也是巴勒斯坦解放组织中最大的派别。您是什么时候开始参加法塔赫抵抗运动的？

萨法日尼：在高中时期我就知道法塔赫这个名字了。第三次中东战争爆发后几个月，我就正式地加入了阿拉法特所领导的法塔赫的抵抗部队。从那时起，我就没机会和家人联系了。从1967年末分开，直到80年代我才和家人重新见面。但从这以后，随着中东局势的发展，我与家人见面的机会也逐渐多了起来。其中，我记忆最深的是2000年与姐姐的第二次见面。

2000年4月15—16日，江泽民主席对巴勒斯坦进行了一次非常成功的参观访问。利用这次回巴勒斯坦的机会,特别是趁着陪同江主席访问耶路撒冷的间隙,我与在海法的姐姐取得了电话联系。我姐姐对我说:"你来海法吧,来我们老家这边看看。"我对她说:"我怎么过去呢?"姐姐让我等一下,她们的车半个小时后就到。所以,我坐上了她们开来的车,因为是以色列的车牌,不到一个小时便顺利地到了海法。我好久没有见过我姐姐了,上一次见她就是刚才我说的爸爸带我们去的那次,那是很久以前了。见到姐姐之后,她告诉我,爸爸以前是一个农民,还有一个肉铺。之后她就带我去了父亲的故居谢赫镇,又见到了在那里的亲人。现在故居和肉铺当然已经不存在了,她只是把原址指给我看看,描述了当时的情形,让我挺伤感,也挺遗憾的。当我坐

在亲人中间的时候，感觉就像是在做梦一样。这次回乡探亲的经历使我兴奋得流下了眼泪，我和亲人们整整相聚了三天三夜。他们邀请我到著名的塔巴利亚湖边烧烤野餐，真是令我难以忘记的日子。所以我感谢中国给我这么好的机会，相隔40年后能再次与亲人见面。我与姐姐的第三次见面是在中国，在我的第二故乡北京。2013年我邀请了海法的姐姐和姐夫来北京参加我女儿金达莱的婚礼，他们在北京待了三个月。

我已经老了，姐姐比我还年长几岁，不知道今后我们还有没有机会见面。但是，我相信并抱有希望，只要国际社会共同参与推动巴以和谈，和平解决争端，我们就一定会再次见面的。

第二章　初次来中国

孔寒冰：您在中国生活了几十年，差不多也是老北京了。您第一次来中国是什么时候？来中国做什么？

萨法日尼：我第一次来到中国是 1969 年，不是留学，而是到中国接受培训，主要学习政治和军事。

孔寒冰：这话怎么讲？

萨法日尼：我很早就加入了巴勒斯坦民族解放运动，是一名游击队员。您一定知道巴以冲突吧，所以我从上个世纪 60 年代起就跟随着我们的阿拉法特主席进行反抗侵略者、争取民族独立和解放的斗争。在那个年代，我们解放组织还没有得到国际社会广泛的承认，却受到中国政府和人民的广泛支持。

孔寒冰：在当时的条件下，中国是如何支持巴勒斯坦人民解放斗争的？主要通过什么途径进行援助的？

萨法日尼：在那一段时间里，中华人民共和国向我们提供了政治、经济和物资等各方面的援助。所以，中国对我们巴勒斯坦和其他阿拉伯国家都有很大的影响，也是对我们最友好的国家。巴勒斯坦解放组织的食品和武器大部分都是由中国无偿提供的。所以，我说中华人民共和国是除了阿拉伯国家以外，给予巴勒斯坦民族解放运动最大援助的国家。更重要的是，中华人民共和国承认巴勒斯坦解放组织，承认它是巴勒斯坦人民唯一合法的代表，这是在政治上和在国际社会中给予巴勒斯坦解放组织最重要的支持。为巴解组织培训政治和军事干部，也是中国的支援内容之一。

孔寒冰：您那个时候懂中文吗？如果不懂的话，您又是怎么学习的呢？

萨法日尼：当时，我一句中文也不会说。我们在培训的时候有专门的翻译陪同，现在我还和当时的中方翻译人员保持着很好的关系。

孔寒冰：来中国之前，您对中国有多少了解呢？

萨法日尼：我对中国的了解不算多，从一些地理书中知道了中国的一些基本情况。但是，我们都知道中国对于巴勒斯坦人民来说是一个友好的国家，是一个积极支持巴勒斯坦民族解放运动的国家。我所在的游击队吃的罐头、穿的衣服都是中国制造和提供的，我们还有个部队是以毛泽东命名的，叫做毛泽东部队。因此，中国给我们留下了很深刻的印象。此外，我还记得1968年3月卡拉马战役前不久，在阿拉法特主席向游击队员作动员的报告中提到了伟大的中国。卡拉马是坐落在约旦和巴勒斯坦边境的一个小村庄，村名的意思是"尊严"。阿拉法特主席在动员时说："我们正面临决战，因为我们的敌人以色列正企图攻击我们位于卡拉马地区的游击队员和军事基地。"阿拉法特主席在报告中还特别提到，他从中国的伟大领袖毛泽东主席那里学到了很多军事科学和游击战术。直到今天，他还记得毛泽东主席说过的那段话："敌进我退，敌驻我扰，敌疲我打，敌退我追。"阿拉法特主席还说："巴勒斯坦民族解放运动正处在关键的阶段，在阿拉伯世界与以色列的三次战争失败之后，阿拉伯人正处于失败和退缩的气氛与情绪中。我们必须在战场上找回自己的尊严，我们要坚强，要粉碎以色列军队不可战胜的神话。我们一定能够在战场上把敌人打得狼狈不堪，找回阿拉伯人民和巴勒斯坦人民的尊严和他们心中的希望。"

所以,我很希望自己去中国,想更多地了解中国。在那个时候,我听说中国有12亿人口,我就想,中国有那么多的人,怎么住?吃什么?中国人口占世界人口的五分之一,他们是怎么生活的?这些对我来说都是很奇怪的事情,我们并不了解。但是,有一点我们很清楚,那就是中国反对美帝国主义,反对殖民主义,支持亚非拉人民的解放运动。

孔寒冰:那您是怎么被派到中国来的呢?得知要去中国的消息后,您是什么心情?

萨法日尼:1969年底,我被巴解组织的领导选派到中国培训一年,我当然特别高兴,当时的情景还记忆犹新。1969年的秋天,那时我还是一个19岁的青年,正在戈兰高地前线同以色列占领者进行战斗。我所在的游击队驻扎在一个叫贾西姆的村子里,我当时是一个敢死队的排长。一天清晨,戈兰高地的总司令、后来出任过巴勒斯坦政府内政部长的纳赛尔·优素福转来一封阿拉法特主席的信,叫我去一趟大马士革的法塔赫总司令部。于是第二天早上,我立即从戈兰高地赶往大马士革。到达那里之后,我以为会很快见到阿拉法特主席,可是我并没有马上见到阿拉法特主席,接待我的人也没有说让我来大马士革干什么。我等不及了,就去问办公室主任。他什么也没有说,只是让我继续在旅馆里等消息。这让我感到非常奇怪,因为我是刚从残酷的前线赶过来的。在大马士革,我住在一个名叫"卡尔纳克"的旅馆里,它离阿拉法特主席的办公室很近。尽管很累,但是我躺在床上怎么也睡不着,脑袋里不停地想阿拉法特主席为什么让我到这里来。直到晚上,我见到了一位来自黎巴嫩南方前线的战友,他也不知道让我们来这里干什么,但估计是要派我们去阿尔及利亚或埃及参加军事培训班。

第二天,阿拉法特主席终于接见了我们。直到这时,我们才知道自己将被派往中国学习政治和军事。听到他对我说"你去中国"的时候,我简直不敢相信自己的耳朵,真是太高兴了。我非常渴望早日来到这个对我来说充满神秘感的伟大国家。我和15个来自巴勒斯坦不同地区的战友坐在一起聆听阿拉法特主席的指示。阿拉法特主席对我们说："你们将前往中国，到那里向我们的中国同志学习军事科学、政治经验和知识。"当时，我可以说是热血沸腾，恨不得马上就到中国，去学习更多的本领，以便回来后为巴勒斯坦民族解放事业做更多的事。但同时，一想到很快就要离开巴勒斯坦，离开战友，我心中又涌上了一股无法言表的离别之情。这就是我知道自己要去中国时的心境。

孔寒冰：你们是乘什么交通工具来到中国的？还记得到达北京后的情形吗？

萨法日尼：集中学习了几天之后，经过简单的准备，我和其他十几个战友随身携带一些中国制造的服装和阿拉伯式衣物一起乘飞机前往北京。我们乘坐的是巴基斯坦航空公司的航班，先从大马士革飞往卡拉奇，然后再从卡拉奇飞往北京。这也是我第一次乘坐飞机，既兴奋也有点紧张。虽然离开了前线，但是，我仍然十分留恋我在前线的生活，仍然惦记着我的战友和亲人。随着飞机的前行，我的脑海里不断地浮现出我所了解的和我想象中的中国。我们乘坐的飞机经停巴基斯坦，然后又飞行了很长时间才到达中国北京。飞机降落在首都机场，我们走出了机舱，看见几个中国军官在舷梯下迎接我们。中方的一个翻译用阿拉伯语大声喊:"欢迎来自前线的战友们!"我们走下了舷梯后,迎接我们的人立即给我们披上了军绿色的棉大衣,戴上了军帽。那时北京的天气很冷,气温可能在零度以下。但是,欢迎现场的气氛十分热烈,那个场面就像一个暖暖的火炉,驱赶掉了我们初来乍到的寒意。过了一会,一个中国军官拿出名单开始点名。当他念到我的名字时,我大声地回答:"到!我就是'铁人'——穆斯塔法·萨法日尼。"所有人到齐集合之后,我们离开了机场,乘坐中国军方的汽车行驶在狭窄的公路上,最后到达了长城脚下的昌平,培训我们的学校就在那里。

孔寒冰:这是您第一次来中国,待了将近一年。在这一年中,你们主要学什么?

萨法日尼:1969年底返回巴勒斯坦前,我们在中国受训整整一年。在这期间,中国同志主要向我们传授政治、军事方面的经验和知识。这是我第一次在中国度过的美好时光。当时,我们这个班大约有十六七个同学。我是班中年纪最小的一个,但无论是学习成绩还是身体素质都是班上最好的,远远超过其他战友。在这一年里,我表现得非常好,不仅学会了很多简单的中文,而且学会了唱当时中国非常有名、非常流行的《三大纪律八项注意》《东方红》和《大海航行靠舵手》等中国革

命歌曲。我们在行军拉练的途中和早晚训练时都必须遵守这首歌所提到的三大纪律和八项注意。中国方面也非常关心我们的学习情况,经常有一些中国的军事领导人来学校看望我们。此外,我们在中国学习期间,学校还经常组织我们参观工厂、农村和市场。我对那时的中国印象非常深,比如,每天都有成千上万的人骑着自行车在大街上来来往往,人们不是穿绿色的军服就是穿蓝色的工服,男女服饰几乎都一样。在培训期间,阿拉法特主席还在中国军方领导人的陪同下到昌平看过我们,上面那张合影就是当时留下来的。

在中国的这一年,我还有一个强烈的感受,那就是中国是一个政治氛围很浓的国家。在上个世纪60年代末和70年代初，中国社会的主流是反对殖民主义、反对美国帝国主义和苏联修正主义。那时，我们经常高呼一些口号，如"打倒美帝！打倒苏修！打倒中国的赫鲁晓夫！"但是，我对这些口号的内容也是一知半解，别人喊，我们也跟着喊。对巴勒斯坦来说，中国是一个友好伟大的国家，1966年巴勒斯坦解放组织在北京设立代表处后，中国和巴勒斯坦的友好关系开始全面发展。

第三章　第二次来中国

孔寒冰：您第一次到中国来就是在昌平的一个解放军部队中接受军事和政治方面的培训，然后在1969年底返回巴勒斯坦了。不过，好像仅仅过了一年多，您又一次来到了中国。回到巴勒斯坦后，您是不是又到了争取民族解放的斗争前线？

萨法日尼：是这样。完成军事和政治方面的培训后，我没有直接回巴勒斯坦，因为巴勒斯坦已经被以色列占领了，所以我是回到之前参加战斗的地方。先是在戈兰高地前线待了一段时间，之后，我去了黎巴嫩南方一个紧挨着被占领边界的地方打游击战。在黎巴嫩南方前线战斗时，我们遭遇了以色列的飞机轰炸。我记得当时中国新华社曾派了几个记者来我们的前线采访,这些记者在我负责的地区待了一晚上,也采访过我,之后新华社发布了相关采访报道。因为那里离边界很近,实际上是很危险的地方。所以,他们是深入战场亲眼见证了我们游击队员是如何进行战斗、如何反对以色列的军事行动的。我们的处境是很危险的,因为那边的情况很复杂。黎巴嫩军队的边境管控也很严格,根本不允许巴勒斯坦游击队员在边界自由活动。所以,我们没有固定的营地。我们只能打游击,白天不能活动,只能躲起来。到了晚上,我们就分成一个个的小队或小组,每个小队或小组大概有五六个人,主要是针对某个目标进行袭击,比如对一辆巡逻中的坦克发动袭击。以色列每天都派飞

机来轰炸我们的基地,虽然我们游击队员白天都是藏在树林里的,但也时常受到以色列飞机的轰炸。我就是在那个时候受伤的,这事儿发生在1970年的春天。

孔寒冰:由于受伤,您不久后就离开了前线,被阿拉法特再一次派到中国。具体说,这次到中国来,您的使命或者说任务是什么呢?

萨法日尼:是的,就在受伤后不久,我就再次被派到中国来。为什么呢?从我自己的角度来说,主要有两个方面的原因。第一,我受了伤,不适合继续在前线同以色列作战。第二,我曾经去过中国,受过一年的政治和军事方面的培训,对中国有一定的了解。所以,阿拉法特主席决定让我重返中国从事外交工作，派我到巴解组织驻北京代表处工作。随着民族解放事业的发展，巴解组织也需要不断开拓对外交往的空间，特别是进一步发展与中国的关系。但是我真的没有想到我会再次来到中国，没有想到巴解组织会安排我从事外交工作。我更没有想到的是之后我会在一个十分漫长的岁月里随着中国的发展而成长，后来成为一名职业外交官。因为之前一直是在战场上战斗，没有外交方面的经历和经验，所以我接到这个通知后还是有些犹豫的，但尽管如此，我还是接受了阿拉法特主席的安排，因为这也是巴勒斯坦民族解放事业的一个重要阵地。因此，1970年夏天，我再次来到中国，开始在巴勒斯坦解放组织驻北京代表处从事外交工作。

孔寒冰：当时，巴勒斯坦国还没有建立，所以在北京也没有大使馆。您在北京工作的地方不是使馆，而是巴解组织驻京代表处。请您讲讲这个代表处的来历。

萨法日尼：这个问题是与中国对巴勒斯坦的支持紧密地联系在一起的。中华人民共和国从一开始，就很重视中国与阿拉伯国家的关系，有了初步的接触以后，关系发展得很快。特别是周恩来总理主持的万隆会议，它标志着中国与阿拉伯国家关系的重大转折。在万隆会议期间，周恩来总理第一次和几个比较典型的阿拉伯国家进行了接触，并在大会上表明阿拉伯国家的事业是正义的，特别是巴勒斯坦的事业是正义的。当时，周恩来总理很明确地表达了支持阿拉伯的立场，支持巴勒斯坦的合法地位和权利。

在上个世纪60年代初，巴勒斯坦领导人开始接触中国领导人。1965年3月，前巴解执委会主席舒凯里成功访华。期间，周总理重申中国政府和人民支持巴勒斯坦人民恢复合法权利、重返家园、重建祖国的斗争。双方同意巴解在北京设立享有外交机构待遇的办事处。中国是除了阿拉伯国家之外第一个承认巴勒斯坦解放组织，承认巴勒斯坦解放组织是巴勒斯坦人民唯一合法代表的国家，这是中国在国际舞台上对我们非常重要的支持。可以这样说，中国在国际社会中，无论是在改革开放以前还是之后，一贯坚定支持巴勒斯坦和阿拉伯的正义事业。所以，我说中国在政治方面给予了巴勒斯坦解放事业很大的支持。我前面提到过，中国给巴勒斯坦还提供了很多军事、经济方面的援助。而事实上，中国在政治上支持巴勒斯坦民族解放运动的立场一直到现在都是很明确的，根本没有变化。前一段时间，也就是在2014年6月，习近平主席在中阿合作论坛第六届部长级会议的讲话中，再次强调了中国一如既往地坚定支持阿拉伯和巴勒斯坦的正义事业。所以，今天我可以说，在改革开放之后，中国社会发生了翻天覆地的变化，但是在某些方面，比如和平共处五项原则和独立自主的和平外交政策就没有变化，对巴勒斯坦解放组织的支持也始终如一，甚至还在不断加强。就这样，我第二次回到北京后不久，开始担任巴以组织驻北京办事处的副主任，一直到 1975 年。

孔寒冰：请谈谈您在办事处工作的情况。

穆斯塔法：我在办事处工作了四年。这个办事处从设立到运转都离不开中国的帮助。北京市政府不仅为我们提供了位于三里屯使馆区 10 号楼第四层的办公室（1972 年搬到前索马里使馆，三里屯东三街 2 号），而且还安排了几名中方工作人员。其中有一位英语翻译，他姓高，个子也高，比我高，年龄也比我大，是一个十分和蔼可亲的人。办事处位于当时还远离闹市的使馆区，它的后面是果园和农田，和现在完全不一样。刚开始去办公室上班的时候，我发现自己根本坐不住。我们的风俗习惯与中国也不一样，我又是从前线直接来到中国的，没有多少知识储备，也不懂中国语言，更不懂外交，所以当时对我来说，做外交官是一件很困难的事。我每天心里想的就是巴勒斯坦前线的战斗，牵挂在那里的战友，想念我的祖国和我的亲人。在这段艰难的时期，我特别感谢高先生，正是在他的帮助下，我百无聊赖的工作生活才增添了不少乐趣。开始时，由于我的英文不好，相互交流比较困难，他就教我学习中文。我从高先生那里学习到了许多东西，不仅学会了一些中文，也提高了英文水平。与此同时，我也教他阿拉伯语。相处了一段时间后，我向他述说了自己的心声，还告诉他我不愿意留在办事处工作，想回到巴勒斯坦抵抗前线。

不过，在办事处工作的那段时间，我还是有很多难忘的回忆的，也切身地感受到了当时中国的政治氛围。我经常去逛三里屯的大街，总爱在大街上向中国的年轻人打听消息，我想和他们成为朋友。但是，那时的中国人却把我当作与他们完全不一样的人。高先生教会我一些中国话之后，我就想到大街上实践一下。所以一看到中国年轻人，我就主动迎上去和他们打招呼。可是，他们一见到我过去，马上就跑到另外一条路上去了，总是回避我。我发现当时与中国老百姓直接交流几乎是不可能的。后来我了解到在当时中国年轻人的思想观念里，外国人都是"洋鬼子"。我曾经问过一位中国朋友"洋鬼子"是什么意思？他只是笑了笑，没有正面回答我。那时，中国"文化大革命"还没有结束，我时常看到成千上万的干部和老百姓手里举着《毛主席语录》在街上游行，或者开长达一两天的大会。由于刚到北京，我对中国的情况所知甚少。此前在中国的那一年，我主要是在昌平军事培训班里学习政治和军事。虽然说也参观过一些地方，但总的说来，对中国社会了解不多。

习惯于在战场上真枪实弹打仗的我，很不适应整天坐在办公室里无所事事。所以，在办事处工作了将近半年之后，我实在干不下去了，一心只想回到前线。于是，我就向巴解组织总部和巴解组织驻北京办事处的领导正式提出申请，明确表示不想在办事处工作了，要求回到巴勒斯坦，重返战斗前线。但是，我的申请没有得到批准，只好继续留在北京工作。就在这个时候，借一次参加中方举办的国庆招待会的机会，我见到了伟大的周恩来总理。他的一番话使我的思想发生了转变，甚至改变了我的人生轨迹，我开始积极学习中文，之后我的个人发展与北京大学紧紧地联系在了一起。

第四章　在北京大学半工半读

孔寒冰：从您个人简历上看，从1971年到1975年，您同时扮演两个角色，一个角色是担任巴勒斯坦解放组织驻京办事处副主任，另一个角色是进入北京大学学习中文，成了北大的留学生。您告诉过我，这几年您是半工半读。

萨法日尼：是的。我第二次来中国是从事外交工作的，所以那时候我也有一个梦想，就是希望有一天真的能在中国当大使。20年后，这个梦真的成了现实。我是怎样梦想成真的呢？这与敬爱的周恩来总理有很大关系，他对我说的一段话给我留下了很深刻的印象，甚至可以说改变了我的一生。

孔寒冰：您见到周总理是什么时候的事，在什么场合？

萨法日尼：我对您讲过，1968年我第一次来到中国，但不是学习，而是参加军事培训。培训结束后我回前线了，但不久巴解组织又将我送回到中国。这也是我第二次来中国，仍然不是学习，而是当外交官，在巴解组织驻北京的代表处工作。这个代表处实际上就是巴勒斯坦的大使馆，它有外交的职能。当时我任这个代表处的副主任，可是过了一两个月我待不住了。我实在不喜欢在代表处工作，很希望回前线，跟我的战友并肩战斗，解放自己的国家。我不习惯在办公室做事，也很遗憾没有接受过外交方面的培训，所以我觉得搞外交工作不是我喜欢的。

可是就在这个时候，也就是1971年10月，我到人民大会堂参加了一次中国政府举办的国庆招待会。就在这次招待会上，我第一次见到了周恩来总理。后来我又在类似的场合中多次见到过他。在我的记忆中，周恩来总理对人特别友好，又非常诚恳。每次宴会进行时，他都绕着所有的桌子同每个人干杯，喝一点酒，欢迎客人并和他们说几句话。所以我要说周恩来是一个伟大的总理，也是我们所有亚非人民尊重和爱戴的总理，非常谦虚、伟大的领导人。当周恩来总理跟我说话的时候，我没有觉得他是一个领导人，只感到他是一个善良和朴实的长辈。

参加国庆招待会时我还不懂中文，由我们代表处的翻译人员帮助我。当时我正准备回到前线，在给我的领导的信中，我说中国很友好，但我不习惯，我不会说中国话，不想当外交官。周恩来总理走到了我所在的那张桌子前面，通过翻译得知我是巴勒斯坦外交官，在巴勒斯坦解放组织驻北京办事处工作，想要回巴勒斯坦前线去。我还提到了阿拉法特主席和中巴友好关系。周恩来总理对我讲，你应当利用在中国的机会深入地学习，学习中国语言也很重要，中文可以作为连接中国和巴勒斯坦两个国家、两个民族的一座桥梁。其实我也很赞同他提出的关于学习语言的建议，而且我也很喜欢学中文。第一次来中国的那一年，我多少也学会了几句中国话，而且对中国和中国文化也有了一定的了解。这就是我进入北京大学学习中文的最初缘由。就是在这次宴会上，听了周恩来总理的这番话之后，我决定留在中国，一边工作，一边学习中文。

孔寒冰：这样一来，您就与北京大学结下了近半个世纪的缘分。请谈谈您在北京大学学习中文的情况吧。

萨法日尼：我是在敬爱的周恩来总理的鼓励下才决心学习中文的。每当谈起在北京大学学习中文的时候，我总会想起1992年我就任巴勒斯坦驻华大使时向杨尚昆主席递交国书时的一幕。递交完国书之后，杨尚昆主席问了我很多事情，我感到很亲切。尤其是中国主席第一次会见我的时候就夸我中文说得好，我真的非常高兴。中国有一句俗语，大意是"喝水不要忘记挖井人"。所以，我就情不自禁地想起了在北京大学学习的那一段时间。当然，我也想到了敬爱周恩来总理，正是因为周恩来总理，我才有了在北京大学学习的机会，我们的国家才会派我到北京大学学习。就这样，我从1971年到1975年在北京大学学习中文。不过我的学习是属于半工半读性质的。学完语言之后，从1975年到1976年，我又在北京大学历史系进修了一年历史。不过我告诉您，听完周恩来总理的那番话，我只是决定留在中国，也下决心学习中文，但是我进入北京大学读书却还有一番曲折。

孔寒冰：您能详细讲一讲吗？

萨法日尼：得知我准备学习中文，办事处的翻译高先生非常高兴。他一直鼓励我学习中文，有时还教我学中文。有一天，他对我说："你正值青春年华，中国和阿拉伯世界就像周恩来总理说的那样有着光辉的未来。你为什么不学好中文，作为有助于你工作的工具呢？"高先生还主动提出："到我们的大学里去学中文吧，我们可以和教育部门谈谈你入学的事。"但是，当时中国正在进行"无产阶级文化大革命"，任何大学都不接收外国人。在那个时候，我甚至一点都不了解北京大学。所以，我开始学中文的时候一点儿都不正规，只是有一位中国老师来办事处用阿拉伯语教我一些中文的基础课程，每周来教两次到三次。后来，通过我们办事处的翻译高先生与中国教育部联系，我才进入北京大学正规地学中文，但不是全日制的，而是半工半读。到了北京大学之后，我逐渐了解了北京大学是世人皆知的知名高等学府。它是1919年"五四运动"的发祥地，也是传播马克思主义和科学民主思想的阵地，为中国的振兴、解放和独立事业做出过杰出贡献。

孔寒冰：怎么半工半读？您还记得当年学中文的情况吗？

萨法日尼：我决定学中文后，中方有关部门给我提供了很好的学习条件。但是，我当时只能是半工半读。我说的半工半读就是在北京大学学习的同时，还得继续在巴解组织驻京办事处里工作。北京大学位于北京的西郊，距离三里屯有18公里远。每天清晨，我骑着自行车从三里屯东三街2号到北大。由于我年轻、精力充沛，当时空气清新，没有交通堵塞，我骑自行车一路通行无阻，嘴里哼着无名的小曲，脚下生风，用不了多长时间就到北大了。那时候路上汽车也很少，偶尔能碰到一两辆上海牌或红旗牌小轿车，满大街都是骑自行车的。所以，我的骑行也不受影响，可以骑得飞快。现在就不行了，路宽了，各种天桥、立交桥和现代化的高层建筑鳞次栉比，经常让人找不到方向。据有关部门统计，现在北京机动车的拥有量已经超过500万辆，天哪，这个数字和我刚到北京时的北京总人口差不多。我开车从三里屯到北大，有时两个小时可能都到不了。我在那段时间学中文也是很费劲的，要与现在来中国学习的外国留学生相比，也就是他们一年级的水平。为什么？因为我们老外当时不能接触中国老百姓，有时连打招呼都很难。就连我们接触的老师，也不能请他们吃饭，不能同他们一起出去。当时，中国在这方面控制得很严格。我住在三里屯，出去散步时，路上碰到的中国人都躲着我。在上个世纪70年代，老外在中国的生活真的是很不容易。在那个时代，一看到外国人，中国人首先想到是外国曾经对中国的侵略。从情感上说，我对此也能理解。但是这也说明，中国"文化大革命"时搞得挺厉害的，对老百姓的影响很大，压力也很大。我一直生活在北京，那是因为我很热爱中国。

　　我刚开始学习中文的时候，最困难的地方是发音。我在中国已经住了四十来年了，按理说我的中文应当说得很好了，是不是？但是，我的汉语发音直到今天还不是那么好。为什么？因为学习语言的基础是很重要的。我开始学习中文的时候已经二十多岁了，没有任何基础，学起来也很费劲。我们这个班学生也不多。教过我的有四位老师。其中，尊敬的郭振华老师给我留下了很深刻的印象。他戴着眼镜，脸庞红红的。和我一样，郭老师也只会说母语。我只会说阿拉伯语。我们俩之间语言不通，相互交流只能借助手势，打"哑语"。学校提供了一间能容纳五十来个学生的教室，只有我们俩使用。开始时，中文对我来说真的是很难。汉字是一种象形文字，只有笔划，而没有字母或者其他可供依赖的东西去帮助发声和书写。不仅如此，你就是弄懂了字形，可也不会发音，更不用说认识那些抽象的、寓意很深的汉字了。另外，汉语音调有四声，如果声调不对，汉字的意思就完全不同。当时，我对汉语的四个声调几乎一点都分不清，但是郭老师教我的时候是非常用心的，甚至可以说是想尽了各种办法。这位可敬的老师虽然很有耐心，但由于我有时显得太笨，他也会忍不住犯急，脸涨得通红，眉毛在眼镜框里跳动。但是我知道，郭老师所做的一切就是要让我尽快地掌握中文，尽快地学会说中国话。他教我的时间虽然不长，但我永远忘不了他。我还记得一件有趣的事。大概是我开始学习中文后的第一个礼拜或第二个礼拜，他教我认"我"这个字。在解释"我"是什么意思的时候，他按中国的风俗习惯指着自己的鼻子说这就是"我"。可是，我错以为鼻子就是"我"，因为当时我不知道"我"这个字是什么意思。过了几天，他问"我"字是什么意思，我说是鼻子的意思。郭老师只能是苦笑。我知道我给他添了很多的麻烦。

第四章 在北京大学半工半读

刚到北大读书时,我并不住校,而是住在办事处那儿,骑自行车来上学,实际上就是走读。可是这样一来,我有时候就免不了上课迟到。为了照顾我的学习,学校的管理人员对我说:"为了方便你学习,我们可以给你提供一间宿舍。如果你再迟到,就得到学校来住了。"实际上我也乐意住校,那样的话学习和生活都方便了。不久,校方就给我安排了一个房间,就是离北大南门很近的26号楼,房间号是326。当时这座楼的二层住的全是越南留学生和朝鲜留学生,一层住的则是阿尔巴尼亚和东南亚其他国家的留学生。我是全校唯一的来自阿拉伯国家的留学生,住在三楼。相邻的25号楼住的是来自这些国家的女留学生。留学生食堂离宿舍不算太远,按留学生的国籍和人数安排桌子用餐,每个国家的留学生都占着食堂的一个角儿。我和一位来自乍得的阿卜杜拉教授同桌,他已经七十多岁了。所以我们这张桌也被称为"国际桌"。

由于还需要工作,所以我虽然有了一间宿舍,但也不是总在学校里住,而是时常要回三里屯的办事处。第二年,也就是1972年,我利用与学校管理人员相处不错的这层关系,走了一个"小后门",请求学校派一个学阿拉伯语的中国学生与我同住。这样我们可以互相帮助、互相学习,有助于我学中文和他学阿拉伯文。学校接受了我的请求,安排一位名叫吴文斌的中国同学和我住在一起,他的阿文名字叫"艾迪卜"。我还有一个很要好的中国同学,他叫李生俊,阿文名字叫"小阿里",后来成了北京大学的教授。由于和中国同学生活在一起,得到了他们的许多帮助,我在中文学习方面进步非常快。在这个过程中,我也发现了一些有趣的事。比如,吴文斌同学总是不停地参加党的各种会议。我每次问他"您去哪儿了"的时候,他总是回答说"开会去了",或者告诉我到农村学农了,去工厂学工了。我算了一下,他在一年中学习阿拉伯语的时间加起来也只有两三个月。所以我很疑惑,用这么少的时间怎么能学好很难也很复杂的阿拉伯语呢?不过吴文斌同学很努力,毕业后在《人民日报》做阿语记者,专门报道阿拉伯世界发生的大事。我们彼此尊重、相互帮助,成了非常要

好的朋友和兄弟。

孔寒冰：上个世纪70年代初，中国还处在"文化大革命"中后期，学校都在搞学制改革和教育革命，学工学农又学军，估计北京大学也不会例外。所以，当时您能全心学习吗？是不是也要参加学校组织的社会实践活动？

萨法日尼：肯定是要参加的。前面我说了，我在北京大学的第一个中文老师是郭振华。那时候我经常去打扰他，向他请教。我在学习上虽然还算刻苦，但对中文的理解时常是不够准确的。我第一次近距离接触中国民众就是郭老师带领我们下乡。在第一次下乡的时候，我的理解就是到农村走一走，看一看。后来，郭老师向我解释了什么是下乡，告诉我下乡的目的是学习农民的好品质，锻炼自己的思想品格，加深与农民的感情。对外国学生来说，这是第一次近距离地与普通中国人在一起，是一次很好的学习机会。我在一个人民公社住了将近两个星期，感觉真的很好。对于中国的农村，我最难忘的还是大寨。大寨位于山西省昔阳县，这里的农民将七沟八梁改造成层层的梯田，成为全国农业战线学习的样板，毛泽东主席号召"农业学大寨"。北京大学多次安排中国学生和留学生去那里与农民同吃、同住、同劳动。所以我去过大寨很多次，每次都在那里干上一两个月的农活，与大寨的领导人陈永贵也建立了比较密切的

关系，与那里的农民相处得也很好。我们一起挖梯田，用石块砌田埂，平整土地，然后播上玉米、谷子或其他农作物。每天早晨，我们共同打扫庭院，甚至一起做饭，晚上一起聊天、唱歌或打扑克。在他们面前，我没有一点儿拘束，因为我也是出生在一个农民家庭，身上也流淌着农民的血液。陈永贵的年龄比我大得多，可他的身体很健壮。我多次和他进行劳动竞赛，用独轮车从山下往山腰推泥土，每次都是他赢，但是在挑水比赛时我们打了个平手。后来他当上了国务院副总理，我为他感到高兴，我有心约请他，但是地位不对等，也不够格，只能写信向他祝贺。在以后的外交场合中，我和他见面时还一起愉快地回忆过那段美好的劳动竞赛的时光。

第四章　在北京大学半工半读

在北大学习的时候我还去过工厂。郭老师对我们说："中国正在搞'工业学大庆'运动，我带你们留学生去工厂吧，既能了解中国又能学习中文。"当时在北大学习的留学生不多，就几个，有您认识的吉米、罗梅君，还有一位从老挝来的留学生，就我们几个人。到了工厂之后，老师让我们向工人学习。到工厂之前，郭老师说我们会与工人们一起开个欢迎会，大家要推选发言的人。什么叫发言我当时都不懂，郭老师对我说："穆斯塔法，我想让你在全厂工人的面前用汉语讲几句话，怎么样？"我说："别，别，用阿拉伯语说我都胆怯，更不用说用汉语了。"郭老师鼓励我："对大家说几句话就行。"于是，我紧张地提前做准备。开会那天，全厂

的工人都在那里。郭老师告诉大家，说穆斯塔法要代表留学生发言，接着全场响起一片掌声。我站了起来，看到有那么多的工人，心里非常高兴。我大声地说："工人西服们，你们好！"我说的不是"师傅们"，而是"西服们"。听到我这样的发音，所有人都笑了。大家一笑，我把下一句话该说什么又忘了。我实在说不下去，原来想好的话全都忘记了，于是就坐下不说了。在郭老师的鼓励下和工人师傅们的掌声中，我又站了起来，勉强地说了几句，好歹算完成了任务。再说一件有趣的事。我当上巴勒斯坦驻华大使以后，又有了两个职务，一个是阿拉伯使团新闻宣传委员会主席，另一个是阿拉伯驻华使团团长。这些职务使我接触了很多相关部门，所有的中阿活动我都参与了。记得有一次，李鹏总理接

见一些国家的驻华大使。李鹏总理看我都能听懂他所讲的,就问我是在哪里学的中文。当时我说的不是北大,而是说成了"伟大",但是李鹏总理马上理解了我说的意思,告诉我不是"伟大",而是北大。说实在的,我永远忘不了北大。

在北大读书的时候,我还去过东北大庆油田参观学习。我印象特别深的是大庆有一位劳动模范叫王进喜,他的照片挂满了大庆的各个角落。他被称为中国的"铁人",关于他的故事我记得特别清楚。1960年,王进喜带领一支钻井队参加了大庆地区打第一眼油井的会战。在没有吊车和大型拖车的情况下,他愣是依靠钻井队的力量把50吨重的机器从车皮上卸下来,靠原木滚动,一步一步地运到工地,成功地打出了第一眼油井。

在打第二口油井的时候，井喷发生了，只有用水泥浆堵住井口才能制止井喷。当时没有混凝土搅拌机，王进喜带头跳进水泥浆池里，用身体搅拌。不远处一位老太太看见，惊叹地喊道："啊，真是个铁人呀！"从此，"铁人"这个称号就在整个油田流传了起来。说来也巧，由于我在游击队里能吃苦，打仗勇敢，阿拉法特主席一直称我为"铁人"。所以，我对王进喜有一种特殊的崇敬之情。我在北京大学学习期间参观工厂和人民公社对我的生活产生了积极的影响，特别是和工人或农民同吃、同住、同劳动，对我这个学习中文的外国人来说真是件天大的好事。我既练习了口语和听力，积累了许多词汇，同时也了解了中国社会，结交了许多中国朋友。

所以我想告诉您，我来中国以前虽然对中国有很深的印象，那是因为中国对巴勒斯坦的解放事业非常支持，而实际上并不真正地了解中国。我第一次来中国后，对中国有了一定的认识，但也不能说完全了解。在北大的这一段时间对我来说是一个转折点。在北京大学生活的日子里，我学到了许多东西，生活方面也得到很多的照顾和帮助，参加了声援越南、阿尔巴尼亚、巴勒斯坦等国的群众游行。我还记得，1971年中国恢复联合国安理会常任理事国的合法地位，而台湾当局被驱逐出联合国，我们留学生打着红旗在校园里游行。这一年的10月25日，对于中国人民和全世界主张正义和爱好和平的人民来说，都是一个永恒的日子。我还记得，我们宿舍门口有间传达室，执勤的老人有个小孙子，当时还不满九岁。我经常在楼门口等着他，好跟他聊天，听他讲他和家人、小朋友、亲戚以及他学习的事儿。开始的时候他有些害羞和胆怯，可慢慢地就喜欢上了我。后来不论刮风下雨，他都准时在那等我，我们俩成了好朋友，什么都聊得来。我跟他学北京话，当我说得不利落的时候，他就哈哈大笑。他也非常聪明，像个小大人似的。直到今天，我都依然记得这个"小老虎"。

不过，由于没有真正地了解中国的具体情况，也不明白"文化大革命"，所以我当时在北大也参加了很多不应该参加的活动。

孔寒冰：您指的是什么呢？什么活动您不该参加？

萨法日尼：有不少，比如批判邓小平"黑猫白猫"的理论，写大字报，想下乡等等。不过下乡可能还好，可以接触老百姓，这有助于学习语言。"文化大革命"开始于1966年，一直到我在北京大学学习的时候还没有结束。那时校园仍然不断有大字报，我也经常去看这些大字报，但并不完全理解它们的真正意思。就是那一段时间，让我觉得非常奇怪。今天回过头看，对于这些很奇怪的事情我也有了一定的理解。我在中国那么长时间，当时也参加了很多活动，其中印象最深的是参加示

威游行。学校组织全体学生到天安门去游行,高喊"打倒美帝国主义""美帝国主义是纸老虎"之类的口号。当然,这些活动是爱国的,要打倒的是美帝国主义而不是美国,是一种不合理、不公正的国际政治经济秩序。这是好事情。实际上,当时的中国经济和政治,在国际舞台上也没有真正发挥应该发挥的作用。

孔寒冰:您在北大学了多少年语言?

萨法日尼:一共学了四年,从1971年到1975年,1976年又在历史系学习了一年历史。这样的话前后一共是五年吧。也就是说,在这五年里我学了四年语言和一年历史。

孔寒冰：除了您上面说的那些之外，您对这五年还有什么记忆呢？

萨法日尼：我有很多记忆，如参加过北大各种各样的活动，这些活动给我留下了深刻的印象。现在我每次到北京大学外国语学院讲课的时候都会路过图书馆。我是从东门进去的，进去不远就是那座雄伟的图书馆。不过我在北大时，图书馆还刚刚修建，我还参加过建这座图书馆的劳动，整整一个月。所以我每次路过这座图书馆就会想起当时劳动的情景。从图书馆往南走，就可以到三角地，那里的书店也给我留下了很深的印象。从三角地再往南，就是25楼、26楼，而东边就是"五四"运动场。26楼一直都印在我脑海里，3层26号就是我的房间。我还是北大足球队的成员，也多次

参加田径运动会,主要是短跑。在一次北大的运动会上,我获得了 100 米第二名的成绩,奖品我还保留着呢,因为它是北京大学颁给我的。刚才我说了,在北大学习是我人生的转折点,要不是周恩来总理建议我学习中文,要不是北大给我学习的机会,我在中国肯定是待不住的,肯定要回巴勒斯坦前线参加我应该参加的反对侵略者的斗争。所以如果不在北大学习,我不知道我是否能够活到现在。不过我在北京大学学会了中文也学到了知识,以它们为武器,我觉得比用真正的武器为巴勒斯坦解放事业做出的贡献更大。

孔寒冰：您学完语言以后，为什么又选择在北京大学学一年历史呢？

萨法日尼：我很喜欢了解中国的历史，我学的是中国近代史，从鸦片战争开始。中国的近代史和我们国家的历史还是很接近的，有许多相似的地方。比如，我们都受到了外国的侵略，两国人民都进行了反抗侵略的英勇斗争。中国人民有很多东西和地方都值得我们学习。

第五章　燕园之恋

孔寒冰：北京大学的燕园给许多学生留下的，不仅仅是刻苦努力的求学岁月，还有终身难忘的甜蜜爱情。我说的"燕园之恋"对您来说有两层含义，一层含义是您在北京大学完成了本科、硕士和博士学业，是外国留学生中不多的"三北"学生。另一层含义是您和您的爱人是在北京大学相恋、结婚和生子的。因此，北京大学的燕园对您有更特别的意义。

萨法日尼：对，是这样，北大对我有特别的意义。

孔寒冰：我知道您爱人也是一名在北京大学学习的留学生，能谈谈你们相识、相爱的过程吗？

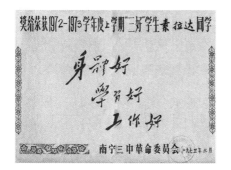

萨法日尼：我进到北大学习后不久，燕园又来了一些外国留学生。我的越南同学告诉我，在这些新来的留学生中，有一位是从老挝来的姑娘，她叫索拉达，在西语系学习英文。这位姑娘长得非常漂亮，中文说得也非常好。那个时候北京大学也没有多少老外，朝鲜和越南的留学生比较多，老挝的有两个，菲律宾的只有后来在 CNN 工作的吉米一个人，另外还有两三个印尼学生。所以她进校时是非常突出的，也很漂亮。

1972 年 8 月，有一天我骑自行车从三里屯返回北京大学，刚进南门的时候，就看见一个上身穿着惹眼的红红的衬衣、下身配着天蓝色绣花长裙、秀发几乎垂到脚跟、提着水壶的姑娘向留学生食堂走去。我当时有这样的直觉，她一定就是那位老挝留学生，一定很美丽并很有教养。后来我了解到，她的父亲曾经是老挝经贸部的部长，后来又当了银行的行长。老挝解放之前，他是爱国战线的领导人，经常来中国访问。

在印度支那战争时期，周恩来总理专门给老挝领导人的孩子们在南宁建立了一所全日制学校，培养他们的孩子。就这样，在周恩来总理的关心下，他父亲把她、她的妹妹和弟弟三人送到南宁来读书，当时她已经是高中生了，而她的弟弟和妹妹则是初中生。他们在那里大概学习了三四年，所以她的中文说得很好，后来就到北京大学来学习了，而她的妹妹则去了北京医学院学习，现在北医也并入北京大学了。

为了接近她，我就向食堂的炊事员打听这位姑娘的情况。食堂的这些师傅与我很熟，因为每次吃饭时，我都和他们聊天。我问食堂的师傅："那个新来的姑娘坐在哪一桌？"当时，在食堂就餐的留学生和外籍老师差不多都有固定的座位，我和一位来自非洲乍得的外教坐在一起，那张餐桌也被称为"国际桌"。师傅指了指我们的"国际桌"说："她和你们坐在一起。"听到这句话，我表面一副无所谓的样子，说了句"好吧"，可心里甭提有多高兴了，因为她是我十分欣赏的美丽姑娘。你知道，在那个时候，男女同学之间是不能随便交往的，即使是外国留学生也不行。所以能和一个姑娘在同一张餐桌上吃饭，真是一件十分开心的事儿。食堂管理员把她领到了我们跟前，对她说："你就坐在这张桌子吃饭吧。"然后，管理员把我们介绍给她："这位是来自巴勒斯坦的穆斯塔法同学，是个游击队员，也是北大足球队的队长。这位是来自乍得的阿卜杜拉教授。"老挝姑娘大大方方地同我们打了招呼，然后就坐下了。从这时起我们便有了交往，但是在开始的时候，我们也只是见面打个招呼而已，没有更多的话可说。那时候我还留着长长的胡须，看起来让人感觉很老，所以她见了我就管我叫"叔叔"。可是我听了以后很不高兴，我哪有那么老呀。实际上我们的年龄差不多，于是我就跑到理发店把胡须剃掉了。回来后对她说："以后别叫我叔叔了。"她笑了笑，我们就这样越来越熟悉了，我和她逐渐成了好朋友，后来开始与她谈恋爱。北大的外办知道了这个情况，除了更加照顾老挝的这个姑娘之外，外办主任柯高老师，还有严老师和黄老师都对我说，老穆，你得注意啦，学校的规定可是很严格的，学校不允许你们谈恋爱。柯高老师前不久才去世，我和他的关系很好，以前经常去看他。黄老师也劝我不要与她建立恋爱关系。我特别喜欢黄老师，他既是我的老师，也是哥们，但是他不让我与她有接触。他说，你们的身份是很特殊的，不能谈恋爱。我对黄老师说，那我怎么办呢？我们还是慢慢发展关系吧。当时她在英语系。

孔寒冰：您当时是怎么追的？不论有多么不容易，最终你们走到了一起，建立起幸福的家庭。

萨法日尼：那个时候，我住在26楼326房间，她住

在 25 楼的 326 房间。那时跟现在差不多，宿舍管理比较严，女生楼是不能随便进的，都是有规章制度的。另外，我还是个外交官，在巴勒斯坦驻华办事处工作，通常总住在办事处那边。我在学校的时候，白天一般都在我的宿舍，也就是 26 楼 326 房间，我们聊天，交换学习心得或谈些别的事情。慢慢地，我们就同意进一步发展关系了，恋情也就公开了。

我和她在北京大学度过了一段非常美好的时光，一起到工厂和农村参加劳动和思想教育活动，一起参加专门为外国留学生组织的旅游和参观古迹活动。在这个过程中，我们的关系也不断地升温。每当我参加学校足球比赛的时候，她都到场观看，为我加油。也是一种缘

分,那时她住25楼326房间,而我住26楼326房间。我们经常在晚饭后相约出来散步,一边交谈一边向五四操场走去。有时候,她轻轻地哼唱电影《闪闪的红星》的插曲《映山红》,而我则用粗嗓门唱《大海航行靠舵手》和《东方红》。那时正值中国的"文化大革命",没有《甜蜜蜜》《月亮代表我的心》之类直白又缠绵的爱情歌曲。

但是,我们的爱情道路也不是一帆风顺的。开始的时候,阿拉法特主席不同意,而最关键的是她父母也不同意。老挝是一个社会主义国家,她爸爸又是政府高官,不同意自己的女儿嫁给一个外国人。我是一名巴勒斯坦人,而外交官的职业也不允许我和一个外国姑娘结婚。实际上,这等于两国政府都不同意我们相恋、结婚。但是,所有这些都没有阻止我们恋情发展的脚步。我们已经不能分开了,于是就决定慢慢地做工作,我说服阿拉法特主席,她说服她的父母。后来,我们又决定一起说服她父亲和阿拉法特主席,争取他们同意我和她结婚。当时,她父亲正在越南疗养,我们决定前往疗养地面对面地征求他的意见。经过一个星期的交谈和劝说,她父亲终于同意我们结婚,但条件是必须得到老挝政府的同意。就这样,我们总算克服了一半困难。其实,我的父母最初也不同意这门婚事,不过一方面父母住在被占领区,另一方面我又参加了抵抗部队,所以他们离我很远,鞭长莫及,只能一切都由着我。然后,我

又向巴勒斯坦人民的领袖阿拉法特主席提出申请。阿拉法特主席既没有表示同意但也没有说拒绝，而是让我自己拿主意。

就这样，经过一年多的恋爱，我们的学业非但没有受到影响，反而都从爱情中得到了努力和进取的动力。我们在取得了自己所预期的学业上的成功之后，决定在爱情上也更进一步，朝着建立充满幸福的可以生儿育女的爱巢，朝着努力搭建两国人民之间联系桥梁的方向走下去。在美丽的北京大学校园里，我们时常漫步在未名湖畔这个终生难忘的地方。那里的每一棵树，每一块石头，甚至湖里戏水的鱼儿，树枝上驻足的鸟儿，甚至那甜美的空气，都见证了我们彼此忠贞不渝的爱情。我总对别人说是她追的我，其实北大老师们都知道是我追的她。我们结婚后，也得到北京大学领导的关心。我们确立恋爱关系并准备结婚的时候，学校领导总是出于好意地对我们说："学习是第一位的。"直到今天，我们都非常感谢这些领导，特别是我更是心存感激。您看看，北大对我有多么重要。我在北大学到了知识和语言，谈恋爱、结婚、生孩子也都和北大有关系。所以我从那时起就暗暗下决心，一定不辜负北大对我的期望，一定要对得起北大给我提供的那么多的方便。在学习期间，我也深深地感到，所有的老师都很喜欢北大，都把教好我们这些老外当作一个很重要的任务，让我们尽快地学会中

文。以当时来说,不辜负北大的希望就是学好中文,我觉得我要学会用中文这个武器。我认为完全可以将中文当作一种武器,按照周恩来总理所教导的,来推动巴勒斯坦和中国的双边关系。现在看来,我可以很不谦虚地说,我还是做到了我该做的事情,以后我还要继续做这方面的事情。两年后,我们的第一个孩子琳达出生了,我们也时常带着孩子到未名湖畔去感受我们曾有过的美好和幸福。傍晚,太阳落山以后,教室和图书馆里灯火通明。我们又在一起学习或者聊聊自己在生活中遇到的一些有趣的事情。

1975 年,我们到贝鲁特拜见了阿拉法特主席。在一个午夜,阿拉法特主席在他的私人办公室接见了我们。他衷心地祝贺我们,还送给我妻子一些首饰和巴勒斯坦的绣花服装。我们和阿拉法特主席一起照相留念,这些照片至今仍然挂在我们家中,同时也留存在我们的心中。

我们一共生了五个孩子,老二比拉乐是在老挝出生的,但没能活下来,五岁的时候生病去世了。我爱人因此受了很大的刺激,精神上有了问题,所以之后一直在治疗。1976年到1982年,我被任命为巴勒斯坦驻老挝人民民主共和国的大使。我爱人病了之后,我们在中国住了一段的时间,专门为了治病。听说香港有一个英国医生水平很好,我们又到了香港,后来又到了法国。阿拉法特主席为我们花了很多钱,但也没有治好。我到朝鲜当大使之后,朝鲜领导人给了我们一种很简单的当地草药。我爱人吃了8个月病就好了。不久,她怀孕了。

朝鲜领导人知道之后，非常重视，把它当成了一个重要的事情，因为他们知道我们去了很多国家，可我爱人的病一直没有治好。所以1986年，我女儿在平壤出生的时候，朝鲜的一位负责外交的副总理前往医院去祝贺。他带了很多的礼物，其中有金日成主席和金正日送的两个花篮。他还告诉我们金正日要认她当干女儿，以后就叫她金达莱。为了感谢金正日，我给女儿起的名字就是金达莱。她长大后，在北大医学院妇产科学习，毕业后在北京和睦家医院妇产科工作，现在是一名非常有名的妇产科医生。我女儿是朝鲜人民领导者金正日的干女儿。为了支持朝鲜的妇女儿童事业，她成立了一个"金达莱基金会"。我想说的是，我和几代朝鲜领导人的关系无论是官方的还是私人的都非常好，也是非常特殊的。

孔寒冰：正因如此，中国对您有着特别的意义，可以说是您的第二故乡。

萨法日尼：确实是这样。比如，我虽然在老挝当过大使，而且我爱人是老挝人，她的故乡在那儿，但是我已经有很长时间没有回过老挝了。当然，我应当经常去看望她的家人。但是我想告诉您，我是把中国当成了第二故乡的，而且还特别留恋北京大学。今天我来北大上课，下课后离咱们相约访谈还有一个小时，我就想开车到未名湖转一圈。由于未名湖被拦住了，不能开车进去，我就把车放到停车场，步行到未名湖转了一圈。一边走我一边回忆上个世纪70年代在北京学习的那段时间。时间过得太快了，好像就是一两天前的事情。我刚来北大的时候，住在26号楼，所以，刚才还去了25、26号楼的那个地方。我住在26号楼326房间，后来成为我爱人的索拉达住在25号楼的326房间，这两个房间我永远都忘不了。

所以，无论从我个人的角度还是从家庭的角度，北大的意义都不一般。北大的电视台有一次给我做了一个纪录片。我说，北京大学对我来说不是一般的大学。我开始来到这里的时候没有多大的才能和多少的知识，对世界也没有那么多的了解，学习也很困难。那个时候我的脑海里除了打仗和打游击，就是一门心思要解放自己的国家。在北大学习了那么多年之后，我逐渐认识到，解决巴以问题可能有比打仗还好的办法，主要是要有合理的国际经济政治新秩序，也就是通过磋商、对话来处理这个问题，所以我改变了以前的看法。正是在中国和在北大，我认识到了武力不一定是解决国家和国家之间争端或任何国际事务问题的唯一方式，还可以通过对话和磋商来处理任何争端和任何国际事务。我觉得这是一个非常好、非常有价值的观点。

第六章　阿拉法特的柬埔寨问题特使

孔寒冰：1991年，我旁听过您的博士论文答辩，后来也读过您的博士论文，我记得它的题目是《论当代柬埔寨的战争与和平问题》。我觉得这篇博士论文有两个突出特点，一个特点是身为作者的您不是全职博士生，而是巴勒斯坦驻朝鲜大使。另一个特点是1984年到1989年这五年间作为阿拉法特主席的特使，您参与了柬埔寨的和平进程。在北京大学，您不仅半工半读完成了本科学业，而且完成了硕士和博士学业。将职业和学业结合起来，并且在两方面都取得比较突出的成就，您做得真的比较出色。

萨法日尼：我在北京大学学完汉语并且又进修了一年中国近代史之后，巴解组织领导决定让我到别的国家去当大使。就这样，从1976年到1982年，我被任命为巴勒斯坦驻老挝人民民主共和国大使。我夫人是老挝人，她父亲当时还是政府官员。我在老挝当大使的时候，我夫人被任命为二等秘书。所以，我们俩结婚后，始终在一起工作，一起奋斗。但她更爱中国，更喜欢中国，更喜欢在北京。我们俩始终忘不了北大。

孔寒冰：希望有机会也能采访一下您夫人，补充一下你们在北京未名湖畔博雅塔下的浪漫往事。继在老挝当大使之后，您又到朝鲜任职，是吧？好像您还到过其他国家工作。那您是什么时候又回到北大读书的？

萨法日尼：实际上，我一直没有中断与北大的联系。在老挝当大使的时候，我也经常回到北京大学。从1978年起，我开始在北京大学国际政治系攻读硕士学位，专业是国际关系。前面我跟您说过在老挝当大使时，一段时间在老挝，一段时间在北京的另一个原因，就是我要在北大国政系读硕士。

孔寒冰：您读了几年硕士研究生，哪年毕业？论文是关于什么问题？

萨法日尼：我读到1984年，硕士论文写的是中东问题。1982年，我离任老挝大使，转任巴勒斯坦驻朝鲜民主主义人民共和国大使，一直到1992年。其中1984年

到1989年,我被阿拉法特主席任命为柬埔寨问题特使。

孔寒冰:您是什么时候开始攻读博士学位的?

萨法日尼:1988年,我开始在北京大学国际政治系攻读博士学位,导师是赵宝煦教授。1988年是一个特别值得记忆的年份,我主要的研究方向就是柬埔寨的战争与和平问题。

孔寒冰:您为什么要研究这个问题?您是巴勒斯坦人,为什么不研究中东问题呢?

萨法日尼:我研究柬埔寨问题,主要有以下几个原因。第一,我在巴勒斯坦解放组织驻北京代表处工作的时候,与柬埔寨国王西哈努克接触比较多。第二,我爱人是老挝人,我又做过驻老挝大使,对柬埔寨问题比较熟悉。第三,1984年到1989年我是阿拉法特主席的柬埔寨问题特使,亲身参与了柬埔寨问题和平解决的历程。所以,我以此为题写博士论文,可以说有得天独厚的条件。我先谈谈柬埔寨问题的由来吧。

孔寒冰:好啊。

萨法日尼:柬埔寨是个历史悠久的文明古国,公元9世纪至14世纪的吴哥王朝是其鼎盛时期,国力强盛,文化发达,创造了举世闻名的吴哥文明。近代以来,柬埔寨长期处于外强压迫之下,1863年沦为法国保护国,1940年被日本占领,1945年日本投降后再次被法国殖民者占领。1953年11月宣布独立,但法国军队1954年7月才撤走。西哈努克亲王1941年继承王位,但1955年3月他把王位让给了他父亲,改当首相,直到1960年其父去世后才接任国家元首。西哈努克亲王致力于爱国运动,倡导不结盟。1956年访华期间他提出了以中立与和平为核心的对外政策。1965年11月,为了抗议美国推行的侵略政策,西哈努克亲王宣布柬埔寨与美国断绝外交关系,此举触发了美国对柬埔寨采取敌对态度的政策。1970年3月18日,在西哈努克亲王访问苏联期间,柬埔寨政府的朗诺和西哈努克亲王的弟弟施里玛达等人在美国中央情报局的策动和支持下,发动了一场政变,由此推翻了西哈努克的政府，建立了亲美反共的政权。

政变发生当时，苏联领导人并没有立刻通知西哈努克亲王柬埔寨国内的情况。直到西哈努克登上飞机准备回国时，苏联礼宾司才通知他不能回金边，因为那里发生了政变。在这种情况下，西哈努克亲王只好与中国方面联系，周恩来总理非常欢迎西哈努克亲王到北京来。所以，1970年3月23日西哈努克亲王乘飞机抵达中国，刚到北京，他就发表声明，号召柬埔寨人民联合起来进行反对朗诺集团的斗争，并提出建立柬埔寨民族统一战线的主张。中国方面给西哈努克亲王安排了住所和办公室，最早是在钓鱼台国宾馆五号楼，后来搬到东交民巷15号。从那时起，他就在北京居住了。

政变发生之后，西哈努克亲王与柬埔寨共产党（红色高棉）达成和解，并在他的领导下，于1970年5月成立了以宾努亲王为首相的柬埔寨国民团结政府，柬埔寨共产党领导人乔森潘担任副首相。朗诺集团则于同年10月宣布废除君主制，建立了高棉共和国，朗诺将自己任命为国家总统。之后，柬埔寨内战爆发，越南北方和中国支持红色高棉，美国则向朗诺政府提供经济和军事援助。到1973年，红色高棉控制了柬埔寨农村地区并包围了首都金边。1975年4月金边解放，朗诺逃往美国。在朗诺政府被推翻、全国解放之后，红色高棉执掌了政权。1976年初柬埔寨改国名为民主柬埔寨，并颁布新宪法。同年4月25日西哈努克亲王回国,同日,王位委员会一致选举西哈努克为国王、终身国家元首。但随后他就和宾努亲王一起被宣布退休,实际上是被软禁了起来。表面上,乔森潘是民主柬埔寨国家主席团主席,但实权却掌握在总理波尔布特手中,而波尔布特是红色高棉的总书记。红色高棉在其执政的三年零八个月期间,奉行极左的政策,提出要建立"无产阶级的共产主义社会"口号,剥夺了人民的一切财产,只发口粮。就这样,贫富差别消灭了,家庭也解体了,父母和孩子永远地分开。红色高棉还关闭了学校、办公室和寺庙,把城市的职员、商人、手工业者、老师和工人都下放到农村,实行大规模的逮捕和屠杀,近百万人死于非命。

1979年在越南支持下成立了柬埔寨人民共和国政府,韩桑林任革命委员会主席,柬埔寨出现了三支爱国抗越武装力量。一支是政府总理乔森潘领导的民主柬埔寨的国民军,一支是西哈努克亲王领导的西哈努克民族主义军,还有一支是前首相宋双领导的高棉人民民族解放军。1982年6月,这三支抵抗力量建立了联合政府,西哈努克亲王出任联合政府主席,乔森潘出任负责外交事务的副主席,宋双出任总理。另一方面,包括东盟国家、联合国和不结盟国家在内的国际社会也呼吁越南撤军,和平解决柬埔寨问题。

孔寒冰：和平解决柬埔寨问题与您到北大攻读博士学位有什么关系吗？

萨法日尼：我不是说过，我在北大读书是半工半读嘛。一边当大使，一边读学位。70年代初，西哈努克亲王流亡北京的时候，我和他建立了非常好的关系，几乎每星期六和星期天都在他的官邸一起打羽毛球之类的。当然，不是我一个人，还有其他几个国家的外交官朋友组织的球队。我们按照西哈努克亲王制定的规则打球，即每队由四个人组成，不是单打或双打，我总是和西哈努克亲王一队，叫西哈努克队，和其他外交官或中国朋友打比赛，打到深更半夜还会安排夜宵。有时西哈努克

亲王会播放音乐,即兴创作歌词,让我们唱歌跳舞。除了这些活动以外,我们也经常在重要的外交活动中见面、聊天。

当时他保留了民主柬埔寨代表的身份,所以我们接触的机会比较多,关系也比较亲密。因此我更了解了柬埔寨的情况。另一方面,我在老挝当大使的时候结识了洪森。1979年洪森在越南的支持下推翻了红色高棉政权,宣布成立柬埔寨共和国革命委员会,韩桑林为该委员会主席,洪森为委员会委员兼外交部长。1981年洪森出任柬埔寨人民共和国副总理兼外交部长,1985年当选为总理兼外交部长。1986年到1991年期间,洪森参与了政治解决柬埔寨问题的谈判工作。当时,西哈努克亲王是民主柬埔寨的首脑、柬埔寨联合政府的主席,而洪森是人民柬埔寨的首脑、金边政府的总理。从一定意义上说,在柬埔寨问题上,他们是完全对立的双方。但是我和西哈努克亲王、洪森双方都很熟悉,是双方的好朋友。从1986年起,柬埔寨各方开启了就政治解决柬埔寨问题的谈判,一直持续到了1991年。

孔寒冰:能具体说一说您是如何在他们之间做工作的吗?

萨法日尼:好,在这方面我要强调两点。第一点,我的确是西哈努克亲王和洪森两位领导人的好朋友,我对他们都很了解。第二点,根本上而言不是我主动要求

介入他们之间的问题,而是他们提出要求,我才同意做他们双边之间沟通的桥梁。在这方面我做了四年的工作,时间是1984年到1988年,并一直和中方有关部门保持联系。在这期间我多次秘密地到柬埔寨洪森那里访问。1982年我从老挝调到平壤当大使。西哈努克亲王政权被推翻后,大部分时间常驻北京,每年还会在朝鲜和法国住几个月。所以我在朝鲜以大使和使团团长的身份与西哈努克亲王保持联系。每次西哈努克亲王到朝鲜,我都会组织各国大使到机场迎接,在他和他夫人生日的时候以使团的名义送去礼物,组织庆祝宴会。我还会和在北京的时候一样,组织打羽毛球活动,安排唱歌跳舞等演出,以此给予西哈努克亲王许多政治上的支持。当时很多国家和他所代表的民主柬埔寨没有外交关系,但

通过我组织各国驻朝鲜大使的活动推动了他们之间关系的发展。

1987年4月,西哈努克亲王到平壤参加金日成主席诞辰庆祝活动,期间我们见了几次面,其中一次他向我讲述了红色高棉在执政期间犯下的种种罪行和他所遭受的不公正的对待。他认为,由于有纵横交错的国际关系的影响和根深蒂固的民族、地区矛盾,柬埔寨问题是世界上最复杂的问题之一。在这次见面中,西哈努克亲王还用非常严厉的语句强烈地抨击了红色高棉,同时他还认为洪森没有独立性,不能代表柬埔寨政府同他对话和谈判。因为实权掌握在越南手里,所以他要求首先和越南谈判,然后再与洪森谈判。由于对红色高棉的不满,5月7日,西哈努克亲王辞去了民主柬埔寨共和国主席

的职务。洪森认为西哈努克亲王辞去这个职务,离开了红色高棉,有助于同金边政府的对话,所以他表示愿意随时和西哈努克亲王见面。

就这样,西哈努克亲王同意在平壤和洪森会面,主要商讨越南从柬埔寨撤出全部军队,实现柬埔寨斗争各方的民族和解,通过自由公正的大选组成尊重和保障柬埔寨各派利益的联合政府等问题。通过我的一番努力,他们双方同意在朝鲜举行私人性质的秘密会面,地点选在西哈努克亲王在平壤的"长寿宫"。

孔寒冰:那就具体地讲讲西哈努克亲王与洪森会面的事儿吧。

第六章 阿拉法特的柬埔寨问题特使

萨法日尼：可是，他们俩的会面一波三折。当时，西哈努克亲王表示愿意为洪森及其随行人员提供食宿，并且要我向他提供洪森随行人员名单，以便安排接送和住宿等。洪森也同意按西哈努克亲王提出的条件进行这次会晤，在从金边动身前就将随行人员名单通知给我。洪森是先到莫斯科，然后再从莫斯科到平壤。可是，就在洪森已经准备启程前往莫斯科的时候，6月25日，西哈努克亲王派自己的礼宾司司长"春海"先生来到巴勒斯坦驻朝鲜大使馆，给我送来一封长信。西哈努克亲王在信中告诉我他不能见洪森了，要求我取消原定的会晤计划。为什么不见呢？洪森已经要出发了，怎么又不见了呢？西哈努克亲王在信中提出的理由是，在金边的广场有几千名群众把他的画像烧了，还辱骂他，搞什么反对西哈努克的游行。

孔寒冰：他们后来见面了吗？

萨法日尼：当然见面了，他们的会见是当年12月初在法国巴黎实现的，那次会面我也参加了。平壤会晤取消，我的第一次斡旋努力失败了。但是我感到幸运的是，我能够在洪森先生离开金边取道莫斯科之前，通知他这次会晤已经取消了，否则后果更严重。在6月到7月间，我多次与西哈努克亲王接触，但主要为了密切关系，而没有谈及柬埔寨问题。8月2日，我与他进行了一次长谈，西哈努克亲王告诉我，他愿意在之前的基础上与洪森进行会晤。西哈努克亲王特别提出，他相信我有能力推动柬埔寨问题和解，为柬埔寨和平做出贡献。我答应西哈努克亲王会尽全力实现他的要求。后来他在给我的信中说，如果洪森提出会面要求，他就准备在巴黎和洪森进行非正式会晤。我还与西哈努克亲王商定，把他们会面的具体日期定在11月29日。您知道11月29日是什么日子吗？

孔寒冰：不知道，是什么日子？

萨法日尼：这一天是联合国1977年12月2日通过决议确定的"声援巴勒斯坦人民国际日"，从1978年起，每年的这一天联合国都会举行声援巴勒斯坦人民争取合法权利的纪念活动，中华人民共和国每年也举行这样的声援活动。

孔寒冰：西哈努克亲王和洪森的这次会面实现了吧？

萨法日尼：是的，但也费了一番周折，最终是在12月初进行了会面。11月3日，西哈努克亲王启程前往法国巴黎，洪森向他发出了要求会面的亲笔信，就和平解决柬埔寨问题进行会谈。但是这封信是以金边政府总理名义写的，西哈努克亲王很不满意。因为朝鲜被制裁，没有国际通讯设施，也没有长途电话，12月17日西哈

Norodom Sihanouk
  du Cambodge

His Excellency Mr. Moustapha Al Saphariny,
Ambassador of Palestine (PLO)
Pyongyang
DPR of Korea

Your Excellency my dear Friend and Brother,

I beg you to convey to Mr. HUN SEN, "Prime Minister of the People's Republic of Kampuchea", in Phnom Penh, my apologies for not being able to meet with him here, in Pyongyang, (or elsewhere), this month or in the near future, because of these recent unfortunate occurrences :

a/ - recently, in Phnom Penh, the "Government" of MM. Hun Sen & Heng Samrin has, in the presence of Khmer people, burnt down the effigy of Norodom Sihanouk "accused of being an accomplice of Pol Pot".

b/ - recently, "PRK" officials have said very bad, unfair and unjust things about me (Sihanouk) to foreign press correspondents and other foreign visitors. For instance, they, recently, said to a correspondent of THE CHRISTIAN SCIENCE MONITOR these words - and I quote the U.S. Newpaper :
"Says Vandy Kaon, a French - trained sociologist who is a government adviser and secretary-general of the Kampuchean-Vietnamese Friendship Association, "the main problem is that he (Sihanouk) is not the same Sihanouk as when he was king. (...) His tactical alliance with the Khmer Rouge against Lon Nol in the early 1970s, his house arrest during the rule of Pol Pot from 1975-78, and his uneasy tactical alliance again with the Khmer Rouge,all work against him now, say PRK officials. His popularity is greatly reduced, they say".

So, according to those "Quislings" in Phnom Penh (who themselves, in the years 1970-1975, fought against U.S. Imperialism and the pro-USA "Quislings" Lon Nol - Sirik Matak - Long Boret), I (Sihanouk) was "guilty" of fighting "against Lon Nol (sic) in the early 1970s and even "guilty" of being under house arrest (sic) during the rule of Pol Pot from 1975-1978 !!!

And, so far as my so-called "greatly reduced popularity" is concerned, may I mention to Your Excellency this paragraph of the Christian Science Monitor's same article, - and I quote : "International aid workers in Phnom Penh and many Cambodians say that a majority of peasants still like Sihanouk, remembering the peaceful, prosperous years of his later rule in the 1960s, before the maelstrom of the rightist Lon Nol regime and ruthless utopianism of the Khmer Rouge's Pol Pot".

x
x x

T.S.V.P.

努克亲王只能从巴黎通过邮局发了个电报给我，通知我取消本月29日在巴黎的见面，因为洪森寄给他的信件上署名带有政府头衔，签字也是以总理的名义，西哈努克亲王不能接受，因为见面是私人性质的。我同正在巴黎的西哈努克亲王和在金边的洪森之间进行了频繁的沟通。署名问题虽然在27日圆满地解决了，但也影响了原定在11月29日的会面。于是，西哈努克亲王从法国发来一封电报，要求将会见延迟两天。

12月2日西哈努克亲王与洪森的会面终于在巴黎如期举行，一直到4日才结束。会谈结束后，双方对会谈结果都表示满意并在联合声明中说，柬埔寨问题必须通过柬埔寨人民和平解决，重建一个和平、独立、中立、主权和不结盟的柬埔寨。声明还说，在柬埔寨各方达成协议之后，召开国际会议以保障协议的实施、保证柬埔寨的独立和东南亚的稳定。西哈努克亲王与洪森还同意1988年1月在巴黎举行第二次会晤，而第三次将于4月在平壤举行。12月2日，第一次会谈结束之后，西哈努克亲王设工作午餐招待各方，我也应邀出席。他在致辞中特别感谢了阿拉法特主席在解决柬埔寨问题上发挥的积极作用，说巴勒斯坦国在双方坐到一起进行会谈方面有着巨大贡献。

这次巴黎会面虽然没有达成重大协议，但开启了西哈努克——洪森的对话时代。根据第一次会谈达成的协

第六章 阿拉法特的柬埔寨问题特使

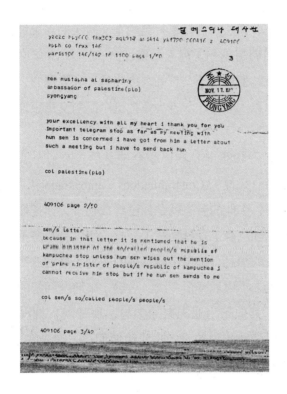

议，西哈努克亲王与洪森的第二次会谈将于1988年1月在巴黎举行。我作为巴勒斯坦代表团的成员，访问了法国，分别在他们下榻的宾馆拜见了西哈努克亲王和洪森。1月20日，西哈努克亲王与洪森的第二次会谈在巴黎举行，会谈结束后没有发表公报。但是他们继续保持对话，在停止相互攻击、努力以和平方式解决柬埔寨问题上取得了共识。不过他们在柬埔寨的政治前途问题上也存在着分歧，西哈努克亲王主张建立一个像瑞士那样中立的、像法国那样奉行自由主义政策的新柬埔寨。洪森则强调超越和无视人民柬埔寨在过去10年中新取得的成就和发展是不公正的，应当肯定和发展它，而不是回到原点。最终，双方决定把这个问题交由柬埔寨人民决定。

就在1988年这次巴黎会谈之后，有一个著名的美国记者对我说："Congratulations，ambassador！"（祝贺你大使！）他的意思就是你已经成功了，你把他们（西哈努克和洪森）安排坐在了一起。所以有很多报纸发表了相关的消息，都说是我斡旋的。为了推动这次双边谈话，我去了柬埔寨很多次。当然，柬埔寨问题的后续解决有了其他东南亚国家的参与，那时候我就没什么事了。但是我想说的是，是我让他们第一次坐在了一起，是我安排并参与了他们的第一次会晤。

孔寒冰：巴黎会谈之后，洪森和西哈努克还有过这样的会谈吗？您与他们还有联系吗？

萨法日尼：之后他们还进行了很多次会面。其中第三次是1988年11月上旬在印度尼西亚的雅加达进行的。再往后，柬埔寨问题就提交给联合国了。在此之前，我已经做了许多最艰苦的工作。1990年9月，柬埔寨抵抗力量三方同金边政府的代表在雅加达会晤，宣布组成柬埔寨全国最高委员会，西哈努克亲王于次年7月被推举为该委员会主席。1991年10月，柬埔寨问题国际会议在巴黎召开，与会各方签署了"柬埔寨冲突全面政治解决协定"，这就是著名的"巴黎协定"。这标志着柬埔寨问题最终和平解决，之后就是柬埔寨国家的重建问题了。1993年5月，柬埔寨首次大选在联合国主持下举行，9月颁布新宪法决定实行君主立宪制，改国名为柬埔寨王国。

孔寒冰：我看过您的博士论文，在很大程度上讲的就是上面的那些内容。我印象特别深的是，里面插有许多当时的文件和照片。从时间上看，您是一边促成西哈努克亲王与洪森的会谈，一边写您的博士论文，您真是将理论与实践很好地结合起来了。

萨法日尼：可以这样说吧，但这与我的导师赵宝煦教授的悉心指导是分不开的。赵宝煦是一个很有学问、水平很高的教授。经过多次交换意见，他最后还是同意我以柬埔寨的战争与和平问题为博士论文题目。我当时说，之所以选择这个论题，是因为我能得到许多第一手的背景资料，以后这篇论文可以作为北京大学的一项历史研究课题，文献资料也可以保存在北大图书馆。事实上也是如此，我的论文和相关文件都有复印件存放在北大图书馆，任何人都可以查阅。此外，我还写了一本关于柬埔寨问题斡旋四年的书，但没有发表，我一直留着文稿，等有合适的时机再出版。我的硕士学位论文是关于中东问题的，而博士学位论文则是关于柬埔寨战争与和平问题的。之所以选择这些论题,是因为我有亲身经历,对这两个问题比较了解,有我自己的观点。现在看来,时间证明了我的观点是对的。您看洪森政权上台之后的表现,再看看洪森政权现在和中华人民共和国是多么好的朋友。洪森上台做的第一件事就是把台湾驻柬埔寨办事处关闭了。所以在柬埔寨问题上,我觉得我做了好事。当然,我做的贡献离不开北京大学,离不开培养我的老师,如赵宝煦、郭振华、孙浩风等教授的指导,我非常感谢他们。

时隔近 30 年，去年 6 月份洪森总理阁下邀请我访问柬埔寨，我去金边待了 10 天时间，非常高兴地看到了柬埔寨在过去的 30 年里取得的有目共睹的发展，柬埔寨人民的生活水平也发生了巨大变化。让我深感荣幸的是西哈莫尼国王陛下给予了我柬埔寨国籍，洪森总理阁下给我颁发了和平与发展勋章。

第七章　巴勒斯坦驻华大使

孔寒冰：您1991年从北京大学获得博士学位，1992年就出任巴勒斯坦国驻华大使，在这个职位上一直工作到2002年。在这十年里，您为巴勒斯坦问题的和平解决，为阿拉伯世界与中国的关系做了许多工作。

萨法日尼：早在60年代第一次踏上中国土地的那一刻起，我就特别喜欢中国，喜欢北京，希望有一天能在中华人民共和国担任巴勒斯坦驻华大使。但是，我开始有一段时间是在别的国家当大使，1976年到1992年我先后在老挝和朝鲜当大使。1991年，阿拉法特主席到朝鲜平壤访问的时候，我时任巴勒斯坦驻朝鲜大使，也是各国驻朝鲜使团的团长。阿拉法特主席到达的第二天晚上，我在大使官邸举行宴会，邀请了所有的驻朝大使，让他们与阿拉法特主席见面。阿拉法特主席发表了讲话，对各位大使的到来表示感谢。他在同大使们交流的时候，向他们介绍了我。阿拉法特主席风趣地说，萨法日尼在朝鲜工作了很长时间，我准备任命他担任驻印尼大使，把使团团长的位置让给别的大使。阿拉法特主席已经将他的决定说出来了，当时印尼驻朝鲜大使也在场。我已经知道了自己将被派到印尼去任职，可我真的希望能去中国。当然，当时我也知道，在此之前阿拉法特主席从没考虑过委派我当驻华大使。访问朝鲜后，阿拉法特主席又到东南亚几个国家进行了访问。作为他的柬埔寨事务顾问，我也陪同他一同出访。

孔寒冰：正是1991年访问东南亚国家期间，阿拉法特主席最终决定任命您为驻华大使？

萨法日尼：对的。阿拉法特主席到东南亚几个国家去访问，我全程陪同他去了柬埔寨、越南和老挝等国。访问完老挝之后，阿拉法特主席要到中亚几个国家访问，其中第一个就是哈萨克斯坦。那是在11月份，是一个很冷的季节。我们的专机从老挝首都万象起飞，按照国际航线，应当是先飞到中国北京，后经乌鲁木齐，再飞往哈萨克斯坦首都阿拉木图。由于旅途劳累，大家一上飞机，很快就在自己的座位上进入了梦乡。只有坐在头等舱的阿拉法特主席还在工作，阅读和批复面前的一大堆文件。我都不知道我们的专机是什么时候进入中华人民共和国领空的，我们真的太累了。可能飞行了一个多小时左右，阿拉法特主席来到后舱我的座位前，轻轻地把我叫醒。

我从梦中醒来，看到他一脸着急的样子，但不知道他要干什么。阿拉法特主席也不说什么，拉起我就往驾驶舱走去。原来阿拉法特主席为节省时间想不经停北京直接飞到目的地。不过，国际航线都要到北京中转，然后再到阿拉木图。但是中国国内航线就可以从华南地区直飞乌鲁木齐，然后再飞阿拉木图。所以，中国国内的航线比国际航线能节省一半时间。为了尽快到哈萨克斯

坦，阿拉法特主席让飞行员与中国地面的空管中心联系，希望专机能走中国国内航线。飞行员虽然与地面空管人员联系上了，但改航线的要求遭到了拒绝。于是，阿拉法特主席把我叫了起来，让我直接用中文与中国地面空管人员进行沟通。我从驾驶员那儿接过话筒，也不知怎么说，于是就冲着话筒一遍又一遍地喊："同志们，同志们，这是阿拉法特主席的专机。"可是，我这么说没有得到任何直接的反应，地面的回答是一串串数字的民航专用词语，我根本听不懂，而坐在旁边的机长则在暗暗发笑。费了很大劲，地面人员才将"信号语言"变成汉语，我终于同地面空管人员对上了话。我对地面中方空管人员说："同志们，你们好！这是阿拉法特主席的专机，由于时间紧迫，阿拉法特主席本人特向中国政府申请直飞乌鲁木齐。"不过，地面的中方空管人员还是坚决不同意我们的请求。随着飞机的前行，我又向第二个、第三个空管站提出相同的要求。但是他们的答复都是一样的，就是专机不能飞离国际航线。在我们的要求下，地面空管人员将我们的要求报告给了北京的地面航空指挥中心。但是这个中心负责人说，到乌鲁木齐不仅路途遥远，而且中国北方地区还下着大雪，专机飞离国际航线非常不安全，为了阿拉法特主席的安全，必须到北京中转，仍然婉转地拒绝了我们的请求。当我再次重复阿拉法特主席的要求时，对方回答说这是为了阿拉法特主席的安全，专机必须走国际航线。当得知我们是从老挝过来的时候，地面指挥中心要求我们落地加油。当时的天气很不好，最终我们的飞机在半夜时分降落在最近的上海虹桥机场。

孔寒冰：备降上海之后，有当地的官员接待你们吗？

萨法日尼：当然有。中国方面已经知道这是阿拉法特主席的专机，所以就安排上海领导人来迎接我们。专机落地之后，我们受到了友好的接待。当时的上海市副市长赵启正先生和其他几位市领导亲自来接机。赵启正先生与阿拉法特主席热情拥抱，用英语说："欢迎您，

主席阁下,热烈欢迎您!"我把赵副市长的话翻译成阿拉伯语给阿拉法特主席听,阿拉法特主席对中方给予他和巴勒斯坦人民的一片真情表示感谢,对深夜打扰上海市领导表示歉意。我把阿拉法特主席的话翻译成中文,赵启正先生听完后非常高兴地说:"太好了,翻译的问题解决了。我们费了很大劲儿才找了一个阿拉伯语翻译,但时间太短他赶不过来。你来做翻译,问题一下子就解决了。"

讲了几句之后,赵启正先生陪同阿拉法特主席走在前面,我们进入了机场贵宾室。进去没有多久,阿拉法特主席就问:"我们的飞机加好油了吗?什么时候能起飞?"他非常着急,恨不得一下子就能飞到哈萨克斯坦。赵启正先生安慰他说:"尊敬的阿拉法特主席阁下,我不知道怎么跟您说才合适。我不得不遗憾地告诉您，气候条件不允许您的专机起飞。不过也正因如此，我很高兴有较长时间与您交谈，会一直陪同您。"由于心里有事，阿拉法特主席在微笑地感谢了赵启正先生的热情款待的同时，仍要求说无论天气如何都要起飞。听到这里，赵启正先生当时就用非常果断的口吻说："主席阁下，您不仅是巴勒斯坦人民的领袖，也是中国人民和中国领导人的好朋友。我们已经接到中央的指示，一定要保证您的安全和健康。所以，今天在这儿，您的专机是否能够起飞由我说了算。如果天气情况不允许，您的专机就绝对不可以起飞。"阿拉法特主席又问："那什么时候才能起飞呢？"赵启正先生非常客气地回答说："主席阁下是我们的贵客，我也希望天气能够快点转好，以便您平平安安地继续您的行程。"阿拉法特主席只好同意延迟起飞，但要求赵市长和其他中方接机人员一定要回家休息。赵启正先生让其他官员回去，他自己留下陪阿拉法特主席说话，专机等天气好转再起飞。

我们前前后后在机场待了八个小时。在这八个小时的过程中，我当翻译，阿拉法特主席与赵启正副市长进行了广泛的交谈，内容主要围绕着巴勒斯坦人民的解放斗争，但也涉及与中国、苏联、美国的关系等等。由于巴勒斯坦的解放斗争长期以来一直得到苏联的支持，因此苏联的解体对巴勒斯坦解放事业的影响很大。阿拉法特主席认为，苏联领导人忘记了历史和西方势力的外部推动是苏联解体的主要原因。但是，中国领导人很珍视历史，有一种用金钱买不到的高贵精神，这是中国现代化建设取得巨大成就的重要原因。在交谈中，阿拉法特主席还告诉赵启正先生，他特别崇拜斯巴达克斯和萨拉丁这两位历史上的大英雄，把他们当作巴勒斯坦人，因为斯巴达克斯在公元前73年至公元前71年领导了古罗马的奴隶起义，而萨拉丁则在12世纪领导伊斯兰军队对十字军进行了英勇的抗击。他们都具有反抗精神，不向强权低头。"我就是斯巴达克斯，我就是要坚持反抗外来压迫！"

这时已是凌晨，我们都困得不行，阿拉法特主席看上去也很疲倦。于是，我就悄悄地对赵启正先生说："阿拉法特主席已经一夜没合眼了，我们怎么劝他休息都没用，要不您劝劝他？"赵启正副市长建议阿拉法特主席到机场附近的龙柏饭店休息，可他不同意。我们只好拿来毯子铺在沙发上，阿拉法特主席仍然拒绝睡觉，继续同赵启正先生交谈。不久，天渐渐地亮了。赵启正副市长建议到龙柏饭店共进早餐，在餐桌上继续交谈。阿拉法特主席欣然同意。大家来到了龙柏饭店，受到了身着玫瑰红统一服装的饭店服务员的热情招待。用餐时，赵副市长问我："阿拉法特主席喜欢吃什么？"我告诉他："特别喜欢吃中国的蜂蜜。"听我这么讲，他让工作人员为阿拉法特主席准备了两瓶蜂蜜。早餐之后，阿拉法特主席挽着赵启正副市长的手臂，迎着东方的黎明走出餐厅，在饭店草坪上的小道上一边散步一边交谈。阿拉法特主席说："我认为工作最重要，而睡觉相比之下就不重要。今天我很高兴能与您畅谈，这比睡觉好多了。"

早上8点的时候，天空终于云开雾散，专机可以起飞了。不仅如此，专机改变航线的要求也得到了中方肯定的答复，专机不用再经停北京，而是直接飞往乌鲁木齐。到了虹桥机场，阿拉法特主席同送行的赵启正副市长紧紧拥抱，称赞上海城市的美丽和上海人的好客，邀请赵启正副市长有机会去巴勒斯坦。他们在道别的时候还谈到了我。赵启正副市长说："这位翻译的中文很不错呀！"阿拉法特主席十分自豪地回答道："萨日法尼也被称为'铁人'，是我的儿子，我看着他从小长大。"他们的对话在我心里激起了幸福的浪花，驱赶了全身的疲惫。

专机起飞后不久，阿拉法特主席叫我坐在他的旁边，对我说："铁人，你的汉语很好，又了解中国的情况，看来还是到中国工作比较好，没有谁比你更适合做巴勒斯坦驻中国的大使了。"我知道，正是在这次偶然的访问期间，阿拉法特主席改变了任命我到印尼当大使的想法。他本来已经决定派我去印尼了，但通过这次经历，他决定派我去北京，我特别高兴。我们顺利地访问了哈萨克斯坦和塔吉克斯坦，之后又到了中亚的其他一些国家，到了土耳其，最后回到突尼斯，因为巴勒斯坦解放组织的总部就在那里。

1992年7月上旬，中国国家主席杨尚昆对突尼斯进行国事访问。因为巴勒斯坦解放组织的总部在突尼斯，所以杨尚昆主席在访问的间隙也同阿拉法特主席进行了友好会谈，我是这次会谈的翻译之一。这次会谈的时间不长，但我的印象还是很深的。杨主席的随行阿语翻译李华新大使也是我的好朋友，他的阿语讲得比我还好。会谈结束后，杨主席送别阿拉法特主席时称赞我汉语讲得好。

这时阿拉法特主席已经正式任命我为巴勒斯坦驻华大使，但是当时我还是驻朝鲜大使。在杨尚昆主席访问突尼斯之后，我回到了朝鲜，主要是办理离任驻朝大使的相关手续。大约两个多星期之后，也就是1992年夏天，我正式到北京赴任。

孔寒冰：您前面讲过，成为巴勒斯坦国驻华大使很早就是您的一个梦想。当这个梦想成为现实的时候，您是什么心情？

萨法日尼：前面我已经告诉过您，阿拉法特主席在离开上海后就告诉我，他改变了主意，要任命我当巴勒斯坦驻华大使。说心里话，担任巴勒斯坦驻华大使是我一生中最值得骄傲的经历。1968年第一次到中国来的时候，我还是一个毛头小伙，学识很浅，经验不多，政治修养也差得很多。但是，在以后的二十多年里，我在中国学习到了许多东西，特别是学会了汉语这门非常难学的语言。对我来说，中国就是一所大学校。我经历了中国"文化大革命"的后期，亲眼目睹了中国自1978年改革开放后取得的巨大发展。可以说我个人是与中国共同进步、共同成长的。经过了这么长时间的磨炼之后，我觉得自己已经完全能够胜任驻华大使的重任。

巴勒斯坦驻华大使馆位于北京市朝阳区三里屯东三街，我对这里非常熟悉，以前来过无数次。但是这次不同了，我是以巴勒斯坦驻华大使的身份重返这个我曾经十分熟悉、十分眷恋的地方。我见到了许多老朋友和熟人，他们中有的已调到外交部工作，有的仍在使馆工作，当然也有一些我不熟悉的新面孔。站在大使馆门口，望着高高飘扬的巴勒斯坦国旗，我不禁感慨万分。以前来到这里，我只是一名留学生，或者是普通工作人员，但这次则不同了，我是以大使的身份回到这里的。在大使官邸重新开始工作和生活之前，我想到了很多事情。我已经实现了自己多年的梦想，成了巴勒斯坦驻华大使。但是接下来，我应当做哪些工作呢？我怎样做才能像我的前任一样不辱使命？我怎样做才能为后任铺平道路，使巴勒斯坦与中国的友好关系持续地向前发展？

孔寒冰：新任驻华大使都有一个向中国国家主席递交国书的仪式，您还记得递交国书时的情形吗？

萨法日尼：当然记得，一辈子都不会忘记。1992年7月，我就任后首先前往中国外交部，递交了上任大使的国书复印件，而原件是我亲手递交给中国国家主席杨尚昆的。当时，中国领导人都在北戴河避暑，所以我递交国书不是在北京，中国外交部安排我去了北戴河。陪同我去的有老朋友杨福昌副部长、西亚北非司司长吴思科，还有一些我们使馆巴方和中方的工作人员。在北戴河递交国书的时候，杨尚昆主席对我就任巴勒斯坦驻华大使表示欢迎，希望进一步发展中国和巴勒斯坦的双边关系。我是通过中方翻译听他讲话的。当轮到我说的时候，我就直接说汉语。开始时，杨主席似乎没有听懂我在说什么，结果我对他重复了一遍我的话。这回他完全明白了我说的，他问我："你会说中文？"我告诉杨尚昆主席："主席阁下，我是北大毕业的，我能说简单的中文，咱们可以不用中文翻译。"于是，我就用中文同杨尚昆主席交流。他非常热情，我们交谈了40分钟左右，谈话的气氛十分融洽和友好。之后我们的谈话没有借助翻译，从头到尾都是用中文。最令我难忘的是，在谈话结束时，杨尚昆主席握着我的手，转过头对在场的

杨福昌副部长、吴思科司长以及中方有关人员说:"这种做法好,我们选派驻外大使的时候,也要尽量派会说当地语言的人。"所以,中国现在驻阿拉伯国家的大使绝大部分都会说阿拉伯语。

听到杨尚昆主席那友好而又令人感动的赞扬,我非常激动,也感到十分自豪和骄傲。他的那番话激励着我要在中国当一名称职的大使。能担任巴勒斯坦驻中华人民共和国大使,我感觉很光荣。从1992年7月27日向中华人民共和国国家主席杨尚昆递交国书的那一刻开始,我就暗自下决心一定要为巴勒斯坦人民,为巴中关系尽力多做实事。从那时起我就一直勤奋地工作,时常到深夜才回家。我在使馆里总是有做不完的事情。从1971年在巴解组织驻北京代表处工作开始,我就深深地爱上了中国这块土地,梦想有一天能成为巴勒斯坦驻中国大使,而这个梦想在1992年终于实现了。

到2002年离任,我当了十年驻华大使,做了许多事情。我之所以做到这些,原因可以从多方面来说。第一,我可以骄傲地说,我比较了解中国,因为我很长时间都在中国,有语言方面的优势。第二,我对中国的感情是很深的,有许多中国朋友。所以我当驻华大使的任期并不是按照我们外交部规定的四年,而是从1992年到2002年当了十年。在这十年中,首先是我学习了不少东西,其次,我觉得无论是巴中双边关系还是阿拉伯国家同中国的关系发展得都很好,是双方都非常满意的

一个阶段。如果说我对阿拉伯国家和中国的关系做了什么贡献，那么最值得提及的是，我在任期的第一年，同其他阿拉伯国家的驻华使节一起重新启动了阿拉伯大使委员会的工作，成立了隶属于它的阿拉伯文化新闻委员会。这个委员会也有助于阿拉伯各国驻华使馆在相关活动中的统一与协调。此外，我也促成了中国领导人首次访问巴勒斯坦。我在出任驻华大使期间做的另一件重要的事情就是成为建立中阿合作论坛的倡导者之一。可以说，这些是我在任驻华大使的十年中做出的最大贡献，也是最令我自豪的几件事。

孔寒冰：那就请您详细谈一谈您与这几个组织的关系吧。您是怎么重新启动阿拉伯大使委员会的？这个委员会主要做的工作是什么？

萨法日尼：就任驻华大使之后，根据外交管理条例，新任大使递交国书后应对中国各部委领导及驻华使节们进行礼节性拜访。当然我拜访了阿拉伯国家的驻华大使们。在这一过程中，我发现二十多个阿拉伯国家的大使们相互之间的联系比较少，更谈不上固定的见面。根据阿拉伯联盟的规定，阿拉伯国家的驻外使团组成的大使委员会是阿盟的组成部分，但是很遗憾，我发现北京阿拉伯大使委员会已经停止运作了很长时间，原因在于两伊战争、海湾战争、伊拉克入侵科威特引起了各个阿拉伯国家之间的分歧，产生了不同意见，导致在北京的大使委员会停止了运作。我决定将其重新启动并推动其发挥应有的作用。在几个阿拉伯大使的配合下，我把所有的阿拉伯国家驻华大使召集到了一起，商量怎样加强阿拉伯国家之间的团结，同中国方面一起推动阿中关系的发展。我对各位大使说，咱们来自不同的阿拉伯国家，对海湾战争以后的阿拉伯世界局势各有各的看法，但是大家应当尽可能地求同存异，加强阿拉伯国家的团结，共同发展与中国的友好关系与合作。就这样，阿拉伯大使委员会在重重困难之下重新启动了，其宗旨是不争论存在的分歧，只对如何推动和发展阿拉伯世界与中国的关系献策出力。大使委员会的主席由各国大使轮流担任，每月的第一个星期二举行一次例会，地点就在任轮值主席的大使的官邸。

阿拉伯大使委员会致力于加强与中国政府各部门的友好合作关系，其中，与中国外交部的关系最为密切。我们和外交部每年组织两次大型例会，上半年由大使委员会向外交部发出邀请，而下半年则由外交部邀请大使委员会的成员参加会议。在这种例会上，双方共同探讨当时的国际形势和中阿关系，表明各自的观点和立场。除此之外，大使委员会还分别与中国商务部和中共中央对外联络部建立了例会机制。经过几年的努力，这些例会机制开始逐步展现出它们的作用，使阿中双方在经济、政治、文化等各个领域里的合作取得了许多成就,从而推动阿中关系有了长足的发展。比如,海湾国家的驻华使馆与中联部以前没有往来,在一次阿拉伯大使委员会及其下属机构文化新闻委员会的联席会议上,经过当时的中联部部长戴秉国和各方的共同努力,海湾国家委员会与中联部的关系开始不断地发展。

在国际事务中,阿拉伯大使委员会多次成功地组织了大使们与中国各部委领导的座谈会,就政治、外交、国际局势等问题交流彼此的看法。委员会还分别邀请中国外交部、中联部和经贸部的部长一起探讨如何在经济贸易、文化宣传等领域加强和推动中阿关系。我们与中国外交部的来往不仅局限于政治关系,还注重积极寻求中阿经贸合作的机会,发掘这种合作的潜力,鼓励和支持

中阿经贸往来和相互投资。中国外交部西亚北非司经常组织和安排阿拉伯国家驻华大使去中国各地进行商务考察、访问和调研，介绍当地在改革开放中所取得的成就。其中，我印象最深的是在大连的参观访问。我们参观了大连这座美丽的海滨城市的建设，了解了大连在经济、贸易、文化教育等各领域的发展。后来，我们又多次来到大连，而且还带来了许多阿拉伯国家的企业界人士。

1992年就任巴勒斯坦驻华大使以后，在中国外交部官员的协助和陪同下，我曾带领阿拉伯使团到中国各地进行商务考察，每一次考察都给阿拉伯的大使们留下了深刻的印象。在考察之后，他们分别向本国政府做了客观、正确的报告，说明了中国各地的经济发展情况，对促进阿中贸易交流起到了非常有力的推动作用。我是阿

拉伯大使委员会中唯一懂中文的人，因此，既是领队又是翻译，既加强了双方的沟通，也活跃了气氛。通过这些商务考察，我们与中国外交部的有关人员彼此更加熟悉，中国外交部与各个阿拉伯大使馆在外交事务中的联系也更加紧密。有一次，外交部组织阿拉伯大使们去黑龙江的大庆油田参观。大庆是一座新兴的石油工业城市，参观它的目的是为了让我们了解中国石油和天然气工业的现状，这也是中阿将来合作的一个比较重要的领域。通过参观，我们看到了大庆油田宏伟的建设规模，了解了中国石油天然气的开发、勘探和开采等方面的技术和取得的成就。黑龙江省和大庆市的有关方面热情地接待我们，并为我们举行了招待会。会上，我用汉语发言，并使用了一些中国时兴的新词汇，同时盛赞了我们亲眼看到的大庆石油工业的建设成就，向大家介绍了阿中合作的现状，并表达了阿拉伯大使委员会要推动阿中经贸合作的决心。在我发言之后，外交部的吉佩定副部长高兴地说："老穆的汉语讲得很好，说的内容也很丰富。他是一个中国通，他的话正是我要代表中方向大家说的。"在大庆，我们白天参观，行程安排得比较紧，但晚上自由活动，大家在一起打台球、游泳、唱歌，紧张的考察之余又得到了放松，彼此之间沟通了感情，相处得更为融洽。因此，去中国各地参观考察对于我们这些阿拉伯大使们来说，是件十分有意义的事情，不仅让我们了解

了中国改革开放以来取得的成就、各地的经济和社会状况以及阿中合作的前景，更使我们体察了各地的风土人情，有利于我们对中国历史文化和民俗民情的深入了解。

孔寒冰：阿拉伯文化新闻委员会是怎么回事？

萨法日尼：阿拉伯文化新闻委员会是我倡议成立的，是大使委员会的下属机构，主任每年选举产生，苏丹、约旦、黎巴嫩、巴林、沙特阿拉伯、埃及、叙利亚和巴勒斯坦等八个国家为常任成员国。它的使命是以大使委员会的名义长期地、有效地和稳固地推动与中国有关各方在各个领域里的友好与合作。不谦虚地说，我在阿拉伯文化新闻委员会中起了非常重要的作用，一直到2002年，我都是这个委员会的主任，每年大家都选我连任。

阿拉伯文化新闻委员会一直致力于宣传和报道驻华阿拉伯使团与中方组织的各种友好活动，对于加强阿拉伯国家和中国的双边关系，对于推动阿拉伯国家和中国在文化、新闻领域的沟通与合作起了非常重要的作用。不过，我在任职大使期间做得最自豪的一件事是促成建立了中阿合作论坛。

孔寒冰：请具体说说这个论坛的建立与您的关系。它成立后开展了哪些活动？

萨法日尼：我是受中非合作论坛的启发才提出办一个中阿合作论坛的。2000年，在北京举行的首届中非合作论坛部长级会议取得了极大的成功。这次会议是中国政府根据部分非洲国家的建议，同时也考虑到双方在新形势下的需要而召开的，其宗旨是平等磋商、增进了解、扩大共识、促进合作。这次会议通过了《北京宣言》和《中非经济和社会发展合作纲领》两个重要文件，为中非共同建立长期稳定、平等互利的新型关系构筑了框架。中非合作论坛是中国与非洲友好国家间的集体磋商与对话机制，为中国与非洲国家提供了双边渠道之外友好交往与合作的一个新平台。中非合作论坛的成立与启动，使我联想到，中国与阿拉伯世界是否也有必要建立一个类似的论坛呢？所以在那段时间，有许多问题在我的脑海里萦绕，特别是在既带来机遇又带来挑战的经济全球化所左右的国际形势下，世界跨入了21世纪，这使得发展中国家必须加强它们与世界其他地区经济组织和集团之间的经济合作。中阿之间的合作基础非常牢固，具有巨大的潜力和广阔的前景。中阿双方之间的关系源远流长，可以追溯到两千多年前，世界闻名的"丝绸之路"曾将中国和阿拉伯世界连接在一起，中国与阿拉伯国家之间在古代的交往中曾经写下了中阿关系史上的光辉一页。中阿双方在政治领域一直相互支持、相互尊重，在经济领域互通有无，在其他所有领域开展富有成效的合作。阿拉伯世界在中东地区的地位体现在它拥有丰富的自然资源和庞大的市场规模。其石油储藏量占世界的三分之二以上，产量占全世界总产量的三分之一，特别是阿拉伯海湾地区。阿拉伯国家是中国进口石油的主要来源地，同时还是中国出口商品及先进技术的大市场，这些先进技术是中国在近二十年里所获得的。拓展中阿之间的新型伙伴关系、巩固双方之间建立在互利基础之上的友好合作关系，不仅符合双方的根本利益，而且有助于维护亚洲及全世界的和平、稳定和发展。总而言之，阿拉伯国家和中国之间有很多共同点。毫无疑问，阿中之间的利益网已经发展到要求建立涉及双方合作的一个基础框架的程度，通过它来探讨种种共同利益的所在及如何在所有领域里都加以落实和推动。

正是在这种背景下，我产生了成立中阿合作论坛的想法。非洲和中国成立了中非合作论坛,为什么我们不能同中国建立一个中阿合作论坛呢?我和几个阿拉伯国家大使充分地讨论这个议题并广泛地交换意见,统一思想和观点。2000年,我们在阿拉伯大使委员会的例会中提议:"就像中非合作论坛一样,我们也成立一个中国—阿拉伯合作论坛。"这个提议得到了大家的支持并很快被提到了议事日程上来。阿拉伯大使委员会开始讨论、起草论坛的章程和相关条款,中非合作论坛成员国中的北非阿拉伯国家的大使们为此发挥了重要作用。我

们将这个想法通报给中国外交部，中方很快就做出反应，表示给予充分的肯定和支持。经过多次研究和讨论，大使委员会把这个建议和想法提交给阿盟秘书长穆萨。2000年3月，阿盟外长理事会通过决议，决定成立"阿中合作论坛"。它将是双方交流思想和观点的一个平台，其目的是进一步促进双方在政治上的协调，形成一个维护双方在所有领域内共同利益的框架。

不过遗憾的是，我们用了比较长的时间来做这些工作，并与中方外交部等有关部门进行沟通和协调。2001年12月，唐家璇外长访问阿盟总部时，穆萨秘书长向唐外长递交了《阿拉伯—中国合作论坛宣言》草案，希望中方研究和答复。2003年8月，中国向阿盟秘书长递交了中方在阿方草案基础上拟订的《中国—阿拉伯国家合作论坛宣言》和《中国—阿拉伯国家合作论坛行动计划》两个文件的草案。不过，一直到胡锦涛主席2004年1月30日对埃及进行访问时，中阿合作论坛才正式建立。这是胡锦涛主席作为国家主席首次访问阿拉伯国家。在埃及首都开罗的阿盟总部，胡主席会见了阿盟秘书长穆萨和阿盟成员国的代表。他在会见中就发展中国与阿拉伯国家的新型伙伴关系提出了四个原则，一是以相互尊重为基础增进政治关系，二是以共同发展为目标密切经贸往来，三是以相互借鉴为内容扩大文化交流，四是以维护世界和平、促进共同发展为宗旨，加强在国际事务中的合作。

同一天，中国外交部和阿拉伯国家联盟秘书处在开罗发表了关于成立"中国—阿拉伯国家合作论坛"的公报，签署这个公报的是阿盟秘书长穆萨和中国外长李肇星。公报说：双方回顾了半个世纪以来中阿关系发展的历程，对中阿合作取得的丰硕成果表示满意。双方认为，中阿友好合作基础牢固，潜力巨大，前景广阔，加强各领域合作符合双方的共同愿望和长远利益。双方强调，中阿同属发展中国家，在维护世界和平与安全、促进共同发展的事业中发挥着重要作用。正因如此，双方相信，中阿在国际事务中保持和加强密切磋商与协调，有助于建立公正、合理的国际政治、经济新秩序。

就这样，中阿合作论坛成立了。这对丰富中阿关系的内涵，巩固和拓展中阿双方在政治、经贸、科技、文化、教育、卫生等领域的互利合作，全面提升合作水平发挥了巨大的作用。

同年9月14日，首届部长级会议在阿盟总部举行，中国外长李肇星、阿拉伯国家的外长们和阿盟秘书长穆萨出席了会议。李肇星外长和穆萨秘书长正式签署了《中国—阿拉伯国家合作论坛宣言》和《中国—阿拉伯国家合作论坛行动计划》。宣言指出了阿拉伯国家和中国在国际性和地区性问题上，在涉及到双边正义、合法事业问题上保持协商的重要性，启动和促进了双方在所有领域里的合作。计划则规定建立一个常设机构，定期或在必要时举行阿拉伯国家外长暨阿盟秘书长和中国外长之间的会晤。双方要加强政治协商，努力实现国家关系的民主化和维护发展中国家的利益，共同推进中东的正义和平进程，直到巴勒斯坦人民恢复自己的合法权利，以色列撤出所有被占领的阿拉伯领土，而阿拉伯国家支持一个中国的原则。这两个文件的签署标志着中阿合作论坛的正式启动和开始运作，也预示着中国和阿拉伯国家的关系从此步入了一个新的发展时期。2005年，第一届"中阿合作论坛企业家大会"在北京召开，主题是"增进了解，扩大合作，构筑通向繁荣的新丝绸之路"。出席大会的中国和阿盟各国企业界人士多达五百余人。企业家大会是中阿合作论坛的主要内容，是进一步促进中阿经贸合作的重要步骤。中阿双方的许多企业纷纷签署合作协议，使中阿合作论坛的作用落到了实处。

中阿合作论坛建立时，我已经离开驻华大使岗位了。但是，我可以很自豪地说，是我和几个阿拉伯大使在2000年提议建立这个合作论坛的，我对中阿合作论坛最终的建立发挥了一定的作用。中阿合作论坛的建立，对于推动中阿双方关系也有巨大的促进作用。2004年中阿贸易总额达到366亿美元。2004年7月，海湾合作委员会六个成员国的财长集体访问中国，同中国签订了《经济、贸易、投资和技术合作框架协议》。2005年

1月，沙特阿拉伯国王阿卜杜拉·本·阿卜杜勒阿齐兹访华，与中方签订了多个合作协议，其中包括《中华人民共和国政府与沙特阿拉伯王国石油、天然气和矿产合作议定书》。当时的中国外交部发言人孔泉说："沙特阿拉伯王国作为一个中东地区的重要产油国，中国作为一个经济快速发展的国家，双方之间在能源领域的合作前景宽广，开展并扩大诸如此类建立在友好互利基础上的合作有利于两国的利益。"到2014年，阿拉伯世界与中国的贸易总额已经达到2600亿美元，是中国的第六大贸易伙伴。所以说，我在当大使的时候，对中阿合作论坛的建立做了一点点的贡献，对此我很自豪。

第八章 对巴以冲突的看法

孔寒冰：自第二次世界大战以来,中东地区就一直是世界的热点,而巴勒斯坦问题又是这个热点中的热点。巴以冲突的缘起、和平进程起伏不定,充满曲折。您来自巴勒斯坦,很年轻时就投身反抗以色列占领者的斗争,还负过伤,前两次都是直接从前线来到中国,对巴勒斯坦和以色列的关系感受最直接。请您谈谈对巴以冲突的看法。

萨法日尼：尊敬的孔教授,要从根本上解决某一地区或国际问题,就要正确地、全面地了解这个问题发生的根源、背景以及它的影响。为了不让您和亲爱的中国读者误会,我在第一章里就谈到了有关巴勒斯坦的历史问题,巴勒斯坦土地属于巴勒斯坦人民,而犹太人和其他外来帝国侵略者一样是入侵巴勒斯坦。虽然这是不争的事实,但在这里我要强调的是解决巴以冲突,需要巴以双方互相承认,根据联合国有关决议建立两个独立的国家,和平共处。

无论是巴勒斯坦,还是其他阿拉伯国家,都接受了联合国安理会 1967 年通过的有关第三次阿以战争的 242 号决议。虽然该决议要求以色列从 1967 年起占领的所有地区撤军,但是 242 号决议把以色列在 1948 年阿以战争中侵占的、联合国 181 号决议案规定的比例外的土地合法化了。也就是说根据 242 号决议,巴方在约旦河西岸、加沙地带以及东耶路撒冷建立独立国家的领土只占原先巴勒斯坦领土的 30% 还不到。

回顾巴勒斯坦人民反抗奥斯曼帝国、英国殖民统治和以色列侵略的历史,你会发现巴勒斯坦的历史就是一部巴勒斯坦人民顽强反抗外来侵略者和占领者的抗争史。成千上万的烈士为此付出了宝贵的生命,还有很多伤员和被拘留者。我们的人民的历史就是斗争的历史,历史已经证明了一切——我的祖父抵抗奥斯曼帝国,我的父亲抵抗英国殖民主义,我的母亲教育我和兄弟姐妹爱祖国、爱人民,鼓励我们投身民族斗争事业。我在青年时期就加入了巴勒斯坦民族抵抗运动,到多个被以色列占领的巴勒斯坦地区参加战斗。只要和平没有实现,我的儿子、我的孙子将一如既往地斗争下去。这是受国际准则和国际法保护的所有被压迫民族应有的合法权利。

但是，这并不意味着我们喜欢制造流血冲突、喜欢斗争。相反，我们十分厌恶战争。和世界上其他的民族和国家一样，我们热爱和平、热爱生活。但为了争取民族的自由和独立，我们的人民献出了宝贵的生命，我们明白和平来之不易。中国人民和我们有过同样的经历，曾经有多少殖民者窥视过这片美好的土地，又有多少烈士为抵抗外来侵略献出了生命。因此，我们比那些没有经历过战争的民族和国家更懂得珍惜来之不易的和平和幸福生活。

如今我们生活在和平与发展的时代，我们巴勒斯坦人民是爱好和平的民族，我们渴望和平解决巴勒斯坦和以色列的冲突问题。我记不清是哪一年了，在我任驻华大使的时候，不是2000年就是2001年，凤凰卫视时事评论员阮次山先生专门来使馆对我进行了长达3个小时的采访，核心内容就是我们现在正在谈的问题。我记得当时我特别强调了一段话："我从小就当游击队员，时刻准备为祖国的解放事业和民族自由献出自己的生命。同样，现在为了和平处理巴以争端，我也随时准备献出自己的生命。"

孔寒冰：在中国人眼中，中东那一带是比较复杂的地方，巴以问题由来已久，我们也确实有点看不透。很多学者认为，有的时候眼看和平刚出现曙光，要么是以色列发动打击活动，要么就是哈马斯发起袭击。哈马斯朝着以色列发射火箭弹，以色列就进行大规模的轰炸。巴以问题的和平出路到底在哪儿呢？

萨法日尼：孔老师，我很尊重学者们的观点，但是问题不在这里。

孔寒冰：那在哪里？

萨法日尼：巴以问题的本质显而易见，就是侵略和被侵略的问题，侵略者撤走问题就解决了。1974 年 11 月 13 日，阿拉法特主席在联合国大会历史性的讲话中说道："我来到这里，一手擎着橄榄枝，另一只手举着革命的枪，请你们不要让我手中的橄榄枝落下。"当年的联合国大会承认巴勒斯坦民族的合法权利包括返回家园的权利、自决权以及建立具有完整主权的独立巴勒斯坦国，承认巴勒斯坦解放组织是巴勒斯坦人民唯一的合法代表，并给予其联合国观察员的身份。1975 年 11 月 10 日，联合国大会通过决议，宣布犹太复国主义是一种种族主义。1988 年 10 月 15 日，在阿尔及利亚召开的巴勒斯坦全国人民代表大会上，我们宣布建立以耶路撒冷为首都的巴勒斯坦国，同时接受 1967 年联合国安理会通过的 242 号决议为解决巴以冲突以及实现和平的基础。242 号决议要求以色列军队撤出自 1967 年战争后占领的所有巴勒斯坦和其他阿拉伯国家领土。150 多个国家承认了新成立的巴勒斯坦国。我想强调的是巴勒斯坦国占约旦河西岸、加沙地带和东耶路撒冷总面积的 30% 还不到。

1993 年 9 月 13 日，在美国和国际社会的见证下，巴勒斯坦领导人阿拉法特在美国白宫与以色列总理拉宾签订了和平协议，即《奥斯陆协议》。协议的主要内容包括：以色列从联合国 242 号决议规定的巴勒斯坦领土上逐步撤军，在 5 年之内结束谈判，并给予巴勒斯坦自决权；巴勒斯坦解放组织和以色列政府相互承认。

巴勒斯坦人民相信国际社会给予的承诺和保障，阿拉法特主席为了表示对和平的诚意，他在 1994 年亲自宣布巴勒斯坦放弃武装斗争，开启和平进程，并返回巴勒斯坦，按照《奥斯陆协议》规定的条款，亲自建立和领导巴勒斯坦民族权力机构。

1994 年阿拉法特、拉宾和佩雷斯三位领导人共同分享了诺贝尔和平奖。1995 年 11 月 4 日，拉宾在参加特拉维夫和平集会时被犹太右翼极端分子暗杀，自此《奥斯陆协议》的执行遭无限期搁置。2000 年 9 月底，以色列强硬派领导人沙龙强行进入伊斯兰圣地阿克萨清真寺，引发了巴以间一场旷日持久的流血冲突。特别是 2001 年 3 月沙龙出任政府总理后，坚持推行强硬政策，导致巴以关系更加恶化，巴以和谈完全停滞。

孔寒冰：为什么这样讲？

萨法日尼：事实上，自拉宾被刺身亡至今，和平进程陷入了恶性循环。以色列把巴勒斯坦权力机构控制的地方作为集体监狱，围困并软禁阿拉法特主席。犹太人不断扩大定居点，突袭和逮捕巴勒斯坦平民，没收他们的土地。在城市和乡村周边建立许多军事检查站，巴勒斯坦平民必须持有以色列发放的通行证或许可证等才能通过，不然就不能自由走动。巴勒斯坦民众举行和平游行，向侵占他们土地的以色列巡逻军警投掷石块以示抗议，以色列军方直接向平民开枪，对平民进行集体惩罚，甚至开展大屠杀并拆毁他们的房屋。以色列军队可以随时随地进入我们的领土，毫无理由地抓人带走。巴勒斯坦每一位母亲在每天早上送别她们的孩子上学前都会和他们拥抱亲吻，因为她们害怕他们的孩子再也回不来了。可以形象地说，"和平进程"把巴勒斯坦人民放进了没有围栏的大监狱，不仅是平民，就连我们的权力机构主席和其他领导人都没有活动自由。约旦、巴勒斯坦和埃及的口岸都是以色列控制的，不论是巴勒斯坦人还是外国人要进入约旦河西岸、耶路撒冷都需要有以色列的签证或通行证，甚至连外国领导人到巴勒斯坦进行官方访问也不例外。可以说，被限制了武装力量的巴勒斯坦警察在以色列眼里就是协助他们的帮凶。教授，这个是事实，如果我要回巴勒斯坦的家，就必须到以色列驻华使馆办理签证。没有任何人能接受这样的黑暗生活。

孔寒冰：那您认为应当如何从根本上解决巴以冲突问题呢？

萨法日尼：我对这个问题的回答和国际社会所倡导的一样。我们接受并支持从1947年至今联合国通过的有关巴以冲突的所有决议，包括242号决议。但由于以色列单方面拒绝执行，这些决议均未能实施。

以色列是世界上唯一一个通过联合国决议成立的国家，也是世界上唯一一个拒绝执行联合国决议的国家。2002年3月28日，在贝鲁特举行的第14届阿拉伯首脑会议发表了《贝鲁特宣言》并一致通过了"阿拉伯和平倡议"。倡议要求以色列遵守联合国有关决议，从1967年以来占领的所有阿拉伯领土上全面撤军，承认1967年6月5日以来在被其占领的约旦河西岸和加沙地带建立拥有独立主权、以东耶路撒冷为首都的巴勒斯坦国，根据联合国大会194号决议，公正解决巴勒斯坦难民问题。在满足上述条件的情况下，阿拉伯国家将同以色列签署和平协议，并在实现全面和平的前提下与以色列建立正常外交关系。"阿拉伯和平倡议"通过后得到了国际社会的积极支持。

最近，王毅外长在接受埃及《金字塔报》采访时说："巴勒斯坦问题是中东问题的核心，以色列建国已经60多年，但巴勒斯坦人民期盼独立建国的民族夙愿和正当要求仍未实现。这个问题一天不解决，阿以之间就不可能有真正的和平，中东地区也不可能有持久的稳定。中国始终坚定支持巴勒斯坦和阿拉伯人民的正义事业，支持建立以1967年边界为基础、以东耶路撒冷为首都、拥有完全主权、独立的巴勒斯坦国，支持巴勒斯坦以国家身份融入国际社会，并为此发挥积极和建设性作用。"

孔寒冰：那在您看来，联合国关于巴勒斯坦问题的有关决议一直落实不了，原因是在哪儿呢？

萨法日尼：阿拉伯地区处于三洲五海之地，拥有丰富的石油资源，因而具有重要的战略地位，谁控制这个地区就能控制整个世界，所以长期以来这里一直是殖民主义和帝国主义争夺的焦点。殖民主义和帝国主义利益相结合产生了巴勒斯坦问题。以英国为代表的殖民主义在统治巴勒斯坦期间，为了自身的利益支持犹太人从西欧移民到巴勒斯坦，向以色列武装组织提供军事援助。而以美国为代表的帝国主义则敦促联合国通过181号分治巴勒斯坦的决议，一直以来把以色列当作美国的"中东航母"和前方军事基地。我认为解决巴以冲突的主动权并不掌握在巴以双方手中，而是取决于美欧的利益。长期和平稳定的中东局势不符合美国的长远利益，只有处于战乱和动荡中的中东才好欺负、好控制，所以以色列的任务还没完成。只要美国控制该地区，只要不公正、不合理的国际经济政治秩序不变，问题就会一直存在，暴力和冲突就会继续恶化。以色列应该知道国际形势和力量平衡正在瞬息万变，而尽快实现和平解决巴以冲突符合我们两国和人民的利益，有利于整个地区的和平与稳定。

孔寒冰：您觉得中国在巴以问题上能起到什么作用？

穆斯塔法：不仅在巴以问题，还有在整个中东问题，以及所有国际事务中，我都期待中国能发挥更大的作用。今天的中国已经不是上世纪六七十年代政治孤立、经济形势严峻的中国。当时中国老百姓三餐时的问候语是"你吃了吗？"人民日常生活中的基本食品供应如米、面、油等都有限定配额，要凭票才能买到。我在北大读书的时候和我的同学不得不在寒风中排队持票购买一件无法抵御寒冬的羊毛大衣。当时我和一些来自越南、朝鲜和阿尔巴尼亚等革命国家的朋友，每逢重要的国家活动和政治事件，都会和成千上万的中国人民一起走上街头，聚集到首都的重要地点，比如长安街和天安门等，举行声势浩大的游行，高喊"打倒美帝国主义""打倒霸权主义"和"帝国主义是纸老虎"等口号，以及其他谴责并呼吁推翻当时国际政治、经济体系的口号。

通过80年代邓小平设计的改革开放政策,中国发展成了一个经济大国,同时也成为一个不可忽视的重要政治力量。在推动国际事务发展、维护国际安全和稳定、解决地区和国际事务上发挥了重要作用。并通过参与到这个所谓的不公正、不合理的国际经济政治秩序中,逐步地推动这个秩序朝着公正和合理的方向发展。

中国是联合国常任理事国之一,具有雄厚的经济实力和重大的政治影响力,奉行独立自主的和平外交政策,中东冲突各方都接受中国,所以中国会在解决阿以冲突方面发挥更大、更重要的作用。50年以来,特别是改革开放后,我特别关注并见证了中国的发展,以及中阿友好关系的发展。我认为中国要发展,中国要实现中国梦,也要帮助发展中国家包括阿拉伯国家实现和平、稳定与发展的梦。

现在无论是美国还是其他西方国家,都很重视中国的立场和态度,所以我才说中国在地区问题,特别是巴以冲突和其他地区热点问题中会发挥更大的作用。

第九章　亲历巴中关系

孔寒冰：从上个世纪 60 年代末起，您长期在中国学习、工作和生活，见证并参与推动了巴勒斯坦与中国的关系发展。

穆斯塔法：巴勒斯坦与中国的双边关系是中国与阿拉伯国家关系中重要的组成部分，而巴勒斯坦问题又是中东的核心问题，是阿拉伯国家关注的焦点，所以巴勒斯坦问题是阿拉伯国家与其他国家关系正常化和建立外交关系的基础。关于中阿关系，我简单地说几句。

中国同阿拉伯国家之间的友谊源远流长。中华文明同伊斯兰文明之间的对话和交流，有着悠久的历史，两千年前开启的丝绸之路就是生动有力的见证。新中国成立后奉行独立自主的和平外交方针，70年来阿中关系不断向前发展。其中1955年召开的万隆会议是阿中关系的转折点，当时中国宣布支持阿拉伯的正义事业，支持巴勒斯坦人民的合法权利。中国在联大会议上发表的首份声明中指出：中东危机的核心是美国支持的以色列对巴勒斯坦人民和其他阿拉伯人民的敌对行为。1971年，13个阿拉伯国家投票支持恢复中国在联合国的合法席位。正是长期的相互理解和相互支持给中国和阿拉伯国家之间的关系奠定了深厚的政治互信基础。改革开放至今，阿中互利合作持续发展，同声相应、同气相求的政治友好和传统友谊进一步加强。阿中双方在经济发展和增长方面具有相似的潜力，双方经济互补，为双边经贸合作提供了广阔的前景。2014年阿中贸易总额接近3000亿美元。

随着中阿关系的不断发展，巴勒斯坦与中国的双边关系也随之迅速发展。您知道巴勒斯坦的特殊情况，它是一个长期被外来入侵者占领的国家。虽然上个世纪90年代巴勒斯坦和以色列启动了和平进程，巴勒斯坦民族权力机构表面上控制了约旦河西岸和加沙地带的部分领土，但按照我在第八章所提到的，实际上还是以色列掌握了上述地区的政治、经济、安全等各领域的控制权，所以我说巴勒斯坦有它的具体情况。但即使这样，中方也一直密切关注巴勒斯坦的正义事业，并在各个方面予以支持，尽力减轻巴勒斯坦人民的痛苦，帮助巴勒斯坦人民打好国家的经济基础。在我刚任驻华大使不久，就发生了下面这件事情。

中华人民共和国自上世纪 60 年代起就开始给我们提供物质援助。当然，中国不但援助我们，还援助很多其他发展中国家。这种援助是如何进行的呢？每年年初，中国对外经济贸易部通知我们使馆，对外援助司长就援助事宜要约见大使。我一收到通知就知道该怎么准备，我马上按照长期以来的一贯做法，通知巴勒斯坦有关领导准备援助清单。我收到清单后，就和司长见面。我会主动和司长说："我知道您想让我做什么。"我边说边将已经翻译成中文的清单从夹子里拿出来交给司长。他一边看一边微笑着告诉我："今年我们不给这些援助了……"还没等他说完，我就打断了他的话，很着急地问他为什么。当时我真是吓了一跳，一想到我刚当上大使援助就停了，感觉很没面子。后来他继续说："今后我们要改变援助的性质和方式，所以今天会面是要一起商量怎么更好、更有效地帮助你们。如果我们每年给你们定额的援助，无论是食品、衣物还是日用品，可能不到一个月的时间你们就用完了。今后我们要通过合作、合资的方式代替这种援助。我看了你们给的物资清单，大部分是服装、鞋一类的，还有罐头食品等。如果继续按照原来的方式援助，对巴勒斯坦的经济发展贡献不大。我们完全可以提供每年援助配额的双倍金额来进行投资,和你们一起建立服装厂、鞋厂、食品加工厂等等,这样能为你们的国民经济发展打下良好的基础,并且随着这些工厂生产力的发展和扩大,不仅可以满足国内的需求,还可以出口到国外。"双方都同意这种合作方式,巴勒斯坦的有关领导也对此表示感谢和支持。

孔寒冰:您怎么看待中国改变对巴勒斯坦的援助方式?

穆斯塔法:当然是非常英明的决定。后来我了解到,中国对外援助方式的转变,不仅针对巴勒斯坦,对其他贫困国家和发展中国家都一样。这种转变是在中国改革

开放政策取得辉煌成就之后发生的。经济发展是政治独立的基础,所以中国改用这种方式来支援巴勒斯坦等发展中国家,对他们独立发展经济有着非常重要的意义。因此,我认为中国的援助同欧洲、美国的援助之间的区别就在这里。美国、英国等也给我们提供物资援助,但从根本上讲,他们并不想让我们的经济独立,更不用说政治独立了。这些国家也对我们说过,你们需要什么,我们就给什么。需要多少,就给多少。但是,我们不希望你们学会生产这些东西,而是要让你们牢牢地记住你们需要我们的帮助。这就是欧美国家帮助我们的心态。他们根本不想和我们分享技术,特别是高科技。而中国外交部的相关官员对我说,你们需要什么,咱们一起来合作，一起来发展，这样对巴勒斯坦的经济发展会有很大的帮助。所以在我当大使期间，可以真切地感受到中国这个伟大国家在国际事务中强烈的责任感，尤其是对小国家的责任担当。

孔寒冰：除了物质上的援助，中国对巴勒斯坦的支持还体现在哪些方面？

穆斯塔法：肯定还有很多。我特别想说的是，长期以来中国在中东问题上所持的正义立场和政治上对巴勒斯坦人民解放事业的支持。1964年，也就是在巴勒斯坦发动武装斗争前，不结盟首脑会议在阿尔及利亚召开。当时，阿尔及利亚总统邀请阿拉法特主席前去访问，主要目的就是介绍他认识中国总理周恩来。这是巴中领导人的第一次接触，阿拉法特主席和周恩来总理就巴中关系以及中东地区的严峻形势交换了看法。当时的中东处于以色列的占领之下，美国和苏联两个超级大国在这个具有重要战略位置和拥有丰富石油、天然气资源的地区展开了激烈的争斗。也就是在这次会面中，周恩来总理邀请阿拉法特主席在年内访问中国。于是，阿拉法特主席和他的战友哈利勒·阿勒·沃兹日对中国进行了秘密访问。在访问期间，阿拉法特主席向中国领导人介绍了巴勒斯坦和阿拉伯世界形势的最新发展，表示巴勒斯坦人民无论做出多么大的牺牲，都将开展反对以色列占领的武装斗争，以及要打一场持久的人民武装斗争的决心。阿拉法特主席希望友好的中国能够继续支持巴勒斯坦人民为恢复自己合法的民族权益而进行的正义斗争。听完阿拉法特的介绍之后，周恩来总理说，在中东地区爆发一场革命是有困难的，因为这个敏感地区在美苏的全球战略中占有一定的位置，在那里进行革命等于是在油田中放一把火。此外，中东地区还不具备爆发此类革命的必要条件，首先是缺乏阿拉伯国家对这场革命的支持。周恩来总理强调，巴勒斯坦人民必须要有排除万难、自力更生开始斗争的思想准备，无论多么困难，星星之火可以燎原。他说，巴勒斯坦人民的解放事业是正义的，必将得到全体阿拉伯国家和全世界的支持。他还强调中国人民支持巴勒斯坦人民的斗争，同意为巴方培训人员，表示将向巴方无偿提供军事援助。与此同时，周总理还提醒阿拉法特主席等人要注意斗争策略，不要提诸如"把以色列赶入大海"之类不利于巴勒斯坦斗争的口号。

在实践上，中国是除了阿拉伯世界之外第一个承认巴勒斯坦民族解放组织的国家。中国政府和人民一贯支持巴勒斯坦人民争取恢复合法民族权利的正义事业。1965年，也就是巴解组织刚成立不久，执委会主席艾哈迈德·舒凯里率领代表团访问中国，受到了中国政府和人民的热烈欢迎，毛主席和其他中国领导人接见了代表团。在此期间，中国正式承认巴勒斯坦解放组织是巴勒斯坦人民的唯一合法代表。中国还是世界上第一个批准在其领土上建立巴勒斯坦外交机构的国家。1965年5月，经中国政府批准，巴解组织在北京设立了享有外交机构待遇的办事处。中国政府一直是以一种务实的态度来对待巴勒斯坦问题的，即正式承认巴解组织，邀请阿拉法特主席来华访问，向巴勒斯坦人民的革命斗争提供一切它们所需要的物质上和道义上的支持，并帮助培训军事和政治干部。舒凯里访华之后，双方发表联合公报："双方一致认为巴勒斯坦问题是中东地区问题的核心，其实质是以色列在帝国主义势力的支持下对阿拉伯巴勒斯坦的侵略。中国方面重申在物质上和道义上对巴勒斯坦人民的正义斗争予以支持，并支持其重返家园和恢复在巴勒斯坦的全部权利的诉求。"

在国际舞台上，中国在联合国大会上发表的第一份声明中就指出："中东危机的实质是以色列在美国的支持下，对巴勒斯坦人民和其他阿拉伯国家人民的侵略。"改革开放之后，中国依然将中东问题作为外交政策的重要组成部分之一。尽管为了顺应地区和国际形势的变化，中国不再提倡武装斗争的选择，转为支持和平解决的方式，但支持巴勒斯坦人民解放事业的根本立场没有改变。中国一贯主张在联合国决议的基础上和平解决中东问题，也就是保障恢复巴勒斯坦人民的合法民族权利，包括重返家园、自主决定命运和建立独立的巴勒斯坦国的权利。中国在各种国际会议和外交场合都明确支持巴勒斯坦。

孔寒冰：您能举一些您亲身经历过的事例吗？

穆斯塔法：这方面的事例挺多的，我举两个例子吧。1996年，世界首都和历史名城的国际会议在中国西安举行。在此之前，这种会议在其他国家召开的时候，从不邀请巴勒斯坦代表参加的。所以在这次会议召开之前，我与中国外交部进行了沟通，阐明巴勒斯坦对这次会议的立场，指出会议邀请以色列所谓的耶路撒冷市市长出席是违反联合国决议的，因为东耶路撒冷属于被占领的巴勒斯坦的领土，同时还强调了邀请巴勒斯坦代表出席这次会议的意义。最终，会议主办方中国没有给以色列代表发放签证。还有一件事发生在2001年，当年北京举办了第二十一届世界大学生运动会。但是，以色列当局不允许巴勒斯坦代表团出境前来参加。在这种情况下，我和中国的相关部门取得了联系，说明巴勒斯坦代表团无法与会的原因，希望中国方面能够提供帮助。中方告诉我："中国只是这次运动会的东道主，还有一个相关的国际组织负责此事。但是，中国将争取在运动会上升起巴勒斯坦的国旗。如果届时没有巴勒斯坦人前来举旗，将会有中国人负责举旗，我们会毫不犹豫地举起巴勒斯坦国旗。"中国的这种坚决支持巴勒斯坦的立场给我留下了深刻的印象，同时也感动了我。后来，两名巴勒斯坦女学生出席了运动会的开幕式，高举巴勒斯坦国旗绕场一周，受到了观众的热烈鼓掌欢迎。

孔寒冰：请谈谈巴勒斯坦和中国正式建交的情况。

穆斯塔法：1988年11月，中国宣布正式承认巴勒斯坦国，巴勒斯坦解放组织驻北京办事处随即升级为巴勒斯坦驻华大使馆，首任驻华大使开始全面主持工作。1990年7月，中国任命驻突尼斯大使兼任驻巴勒斯坦国的首任大使。按照国际惯例，中国大使在突尼斯向巴勒斯坦国总统阿拉法特主席呈递国书，因为当时巴勒斯坦解放组织的总部被迫设在突尼斯，而不是在自己的国土上。巴中两国之间的关系是大使级的，但是大使馆不能设在巴勒斯坦境内，所以中方就在加沙设立了一个常驻外交机构。中国驻加沙代表处虽然隶属中国驻突尼斯大使馆领导，但可以独立履行驻巴大使的职权，直接与中国外交部保持联系。

孔寒冰：阿拉法特主席在中国几乎家喻户晓，生前曾16次访问中国。谈谈您了解的相关情况吧。

穆斯塔法：阿拉法特主席第一次正式访问中国是在1970年3月。他带领了一个庞大的代表团，是巴中关系史上一个新的里程碑。在我当驻华大使的任期内

（1992—2002年），阿拉法特主席几乎隔一两年就要来中国一次。我特别高兴的是，在我当驻华大使期间，阿拉法特主席对中国进行了好几次访问，行程都是我亲自安排和组织的。我切身感觉到中国领导人对阿拉法特主席有多么尊重，多么欣赏。透过这些，我更能感受到巴勒斯坦和中国非常友好的关系以及阿拉伯国家和中国的良好关系。

阿拉法特主席每次访问中国时都非常注意在重大或关键性问题上征询中国领导人的意见，向中国领导人介绍有关巴勒斯坦和阿拉伯地区局势的发展情况。比如1993年，巴解组织和以色列在华盛顿刚刚签署完原则宣言，阿拉法特就直接飞到中国，向中国领导人介绍了宣

言内容和巴勒斯坦领导人将要就此采取的措施。他的这次访问引起了整个国际社会的关注。1999年,当《奥斯陆协议》所规定的巴勒斯坦人民履行自决权的时限结束之后,阿拉法特主席进行了一次周游数十个国家的外交活动,而中国就是此行的第一站。在同江泽民主席正式会谈时,阿拉法特主席说,巴勒斯坦人民将根据《奥斯陆协议》和国际法准则建立巴勒斯坦国,希望中国政府能给予支持。江泽民主席指着我说:"中国早已承认了巴勒斯坦国,你们的大使萨法日尼先生不就正坐在我们当中吗!"接下来,江主席又讲,巴勒斯坦人民的解放事业是正义的,你们的要求是合理的。只要宣布独立有助于巩固中东的和平进程,中国就会支持。同时,江泽民主席也指出,中东地区的形势错综复杂,所以国际社会对巴勒斯坦解放事业的支持和帮助也是非常重要的,包括阿拉伯国家、欧洲国家和美国的态度。

孔寒冰:您在驻华任期快结束的时候,促成了中国国家主席江泽民应阿拉法特主席的邀请对巴勒斯坦进了正式国事访问,这次访问在中巴关系中是一件非常重大的事情。

穆斯塔法:当然。这是中国国家元首第一次访问巴勒斯坦,是巴中关系史上的一件大事。作为亲身参与者,我对此是终身难忘的。尽管中国一直支持巴勒斯坦

人民的解放斗争,也很早就承认巴勒斯坦独立建国,但直到2000年,没有一个中国领导人到巴勒斯坦去访问。为什么?就是因为巴勒斯坦没有自己控制的国土,就是因为巴勒斯坦的领土被以色列占领,所以中国领导人无法前去访问。2000年的时候,中国领导人为什么能去了呢?那是因为我们和以色列有了一个和平协议,我们有了巴勒斯坦民族权力机构控制的地方。中华人民共和国为了表示对巴勒斯坦的支持,同时也为了推动和平进程,江泽民主席决定去巴勒斯坦参观访问。

但是,由于以色列占领当局仍然不允许那些思念家园的巴勒斯坦人回到自己的祖国,我身为巴勒斯坦民族权力机构驻中华人民共和国的代表,无论是探亲还是履行公务,以色列都不让我回国。当时我是驻华大使,也是阿盟驻华使团团长，能有这样的回国机会特别高兴。按常理说，我应该先回国安排江泽民主席的这次参观访问。可是我提前回不了国。我告诉您，当时我做了许多工作，才最终促成了江泽民主席的这次国事访问，可是我却不能提前回国安排江主席的行程。其实这不只是我。您知道，连阿拉法特主席也不能随便从一个城市到另外一个城市。为什么？这是因为以色列不让啊。到处都是以色列禁区，没有任何人在这里可以获得公正的对待。以色列在禁区里可以为所欲为，但你在自己家干什么都有压力。我们说的不公正，就是因为美国等西方国家支持以色列人，他们有发言权，说你搞恐怖、闹分裂，光要求巴勒斯坦人不许打、不许骂、不许反对它。所以我才遇到了回不了国的问题。没有办法，当时我和外交部私下都做了许多工作。在与以色列占领当局经过反复而艰难的磋商之后，以色列占领当局才同意我提前回国安排江主席访问的事情。您看看，一个巴勒斯坦的驻外大使回国还得需要以色列同意。这是为什么呢？您说这个问题有多么不公正。当然，我最终还是提前回去安排接待江泽民主席的出访事宜了。

孔寒冰：江泽民主席这次访问是从 2000 年 4 月 12 日开始的对以色列、巴勒斯坦、土耳其、希腊和南非等六国访问的第二站，同时访问巴以两国是为了推动中东和平进程。江泽民主席一行是15日乘车从以色列到的伯利恒，16日又返回以色列继续他的余下行程。我想问的是，江主席对巴勒斯坦的访问顺利吗？

穆斯塔法：江泽民主席访问巴勒斯坦还是很顺利的，也可以说是一次非常成功的参观访问。15日那天，江泽民主席和夫人乘车抵达伯利恒的时候，受到了阿拉法特总统、巴解组织执委会委员们、巴勒斯坦权力机构事务部长卡西斯、国务部长米里，还有我和中国驻巴勒斯坦办事处主任吴久洪先生的欢迎。阿拉法特总统在伯利恒的总统府为江泽民主席举行了隆重的欢迎仪式，并一同检阅了仪仗队。在欢迎仪式结束后，两位领导人举行了正式的会谈。阿拉法特总统说，巴勒斯坦人民感谢中国长期以来给予的无私支持和援助，巴解组织和巴勒斯坦民族权力机构渴望加强巴中双方在各个领域的合作，坚决奉行"一个中国"原则和支持"一国两制"实现国家统一的政策。江泽民主席说，以阿拉法特总统为首的巴勒斯坦民族权力机构，坚持通过和谈解决巴以争端，并在谈判中采取灵活、务实的立场，为推动中东和平进程做出了不懈努力和重要贡献。中国对此表示钦佩和赞赏。中华民族和阿拉伯民族都是古老的民族，中国人民和阿拉伯人民的友好关系源远流长。半个多世纪以来，中国政府和人民始终坚定地支持巴勒斯坦人民的正义事业。阿拉法特总统还向江泽民主席颁发了"伯利恒2000

年勋章"。总的来说，此次访问很顺利，但因为以色列的干预，细节上也有一些曲折。

孔寒冰：发生了什么事情？

穆斯塔法：当时，中方提出参观东耶路撒冷也应列在江主席访问的行程当中。这个要求具有很强的政治含义，反映了中国坚决遵守联合国决议的态度。东耶路撒冷是以色列1967年占领的阿拉伯领土的一部分，根据联合国安理会第242号决议，以色列应当从这里撤出。但是，以色列一直不肯撤出，而且从来也不允许任何来访者或者外国官方代表团参观东耶路撒冷。我以前尽管多次见过江泽民主席，但并不知道他对中东问题是如此了如指掌，也不知道他对中东冲突和宗教相互交错的背景耳熟能详。在双方正式会谈结束之后，阿拉法特总统要我陪同江泽民主席访问耶路撒冷。我马上动身前往阿克萨清真寺广场，加入了以耶路撒冷事务负责人费萨尔·阿勒侯赛尼为首的、由多位部长组成的接待团。江主席和随行人员抵达了阿克萨清真寺，在广场上参观时，以色列安全人员也跟着进去了。假如没有一群随江泽民主席的车队进入广场的以色列人的话，他的这次参观访问可以说是相当成功的。假如不是为了保证江泽民主席能够顺利地完成参观访问的活动及其人身安全的话，巴勒斯坦人早就挺身而出制止以色列人进入广场了。半个小时的参观活动结束之后，我们应当在阿克萨清真寺附近的阿勒迈赫迪教堂迎接江泽民主席一行。正当我们列队在教堂门口准备欢迎江主席的时候，突然一排以色列警察挡在了我们的前面，不让我们迎接甚至看到江主席。就这样，江泽民主席一行在没有看到我们的情况下就走了过去。当时，以色列驻华大使纳米尔也站在以色列这方陪同人员之列。这是以色列的一个阴谋，试图给人一个印象，好像江泽民主席是由以色列方面接待的。见此情景，我立即用汉语喊道："主席阁下，巴勒斯坦的部长们都在等候您！"这一声呼喊引起了中国代表团的注意，他们立即掉转身来，穿过排在前面的以色列警察朝我们走过来，以色列警察只好退到远处站着。我们和江泽民主席一一握手并一起走进教堂，而将以色列人晾在外边。这也是我第一次走进阿勒迈赫迪教堂，这里的历史文物琳琅满目，真是美不胜收。江泽民主席一行的参观活动相当成功，时间和路线都安排得非常好。更重要的是，江泽民主席亲眼看到了在以色列的占领之下，巴勒斯坦人民过着怎样痛苦的生活。

孔寒冰：几十年来，您见证并参与构建了中巴关系，也目睹了中国日新月异的变化。

穆斯塔法：是的。在这个时期里，我特别高兴地看到了中国各方面发生的巨大变化。我作为一个普通外国人看到这些变化可能和我作为大使，从大使的角度来看中国的变化会有不同的感受。首先，我从普通百姓的角度看中国变化。我第一次来中国是在昌平，后来又在北大学习，对上个世纪70年代的中国是有一定了解的，知道一些中国当时的具体情况。90年代的时候，我经常下乡，觉得那段时间我了解了中国更多的事情，看到了更多的变化。无论如何，我看到或感受到的中国的这些变化都是体现在具体的生活中，从社会各方面都可以看得见摸得着的。我知道，70年代的时候，一个家庭可能都没有一辆自行车，可现在很多家庭都有汽车了。老百姓的收入大幅度增加，生活水平有了很大的提高，所以我说中国的社会发展变化从各方面都可以看得见摸得着。

我亲身经历了中国改革开放的初始阶段，深知当时世界上不同的人以不同的眼光和心情注视着中国的变化。西方的一些人窃喜得意，以为中国从此会背上沉重的包袱去追赶资本主义的列车并因此而分裂。他们口中念念有词："昨天是苏联，今天是中国。"一些中国的朋友，在开始阶段也不能正确理解中国的改革开放方针，对中国的发展前途有些担心。但后来，他们逐渐看清了而且也明白了中国的改革开放就是从西方获取自己所需要的东西，借以发展自己，而同时又不让西方不健康的思想、不符合中国国情的一些意识形态侵蚀自己，影响自己的生活、性格和文化。我是巴勒斯坦人，开始我也有过这样的担心，担心中国会变成资本主义国家，会远离她曾经坚持过的原则，改变她从上个世纪50年代开始就实行的和平独立外交政策。我一直关注着这个问题，后来的发展证明我的担心是多余的。中国已经迈出更加坚实的步伐，取得了预期的成功。作为一名外交官，作为前巴勒斯坦驻华大使和阿拉伯文化新闻委员会主任，我真心为中国改革开放取得的成就而感到高兴。

说到改革开放，我发现普通的中国老百姓得到的实惠最多。现在，中国人衣食住行的条件都有了长足的进步，这些可以说随处可见。凡是隔一段时间再来中国的外国人没有一个不对中国的变化感到吃惊。他们把这种变化形容为"日新月异"，把建筑工地上众多的、高高矗立的、正在左旋右转繁忙工作的吊车比喻为"群鹤起舞"。以北京的市政建设为例，由于工作关系，我常常从三里屯到钓鱼台国宾馆去，途中经过长安街。这条街号称"十里长街"或"中国第一街"。但是，以前它两边的建筑物大多是一层或者两层，其中较雄伟的建筑物是北京饭店、天安门城楼、人民大会堂、国家博物馆、民族文化宫，仅此而已，周围再没有别的像样的建筑物了。如今，再看这条街道，新的高楼、绿的草地、鲜艳的花坛，完全是一条世界水平的大街。如果我们站在景山顶上或中央电视塔上看看，北京完全可以和巴黎、纽约等世界上现代化的大都市相媲美。

另外，中国的发展变化还体现在外交方面。我在北大学习的时候，当时的老师组织我们到天安门广场参加游行，反对帝国主义，支持巴勒斯坦、阿尔巴尼亚、越南人民的革命。我们还参加过很多类似的活动，对我们的个人影响真不小。可是，那时候中国封闭，不管怎么反对美国，世界上都没有多少人能听到这种反对的声音。现在不同了，中国发展起来了，在国际舞台上说一句话就有很大的影响了。这也说明中国在国际舞台上的作用发生了很大的变化。我在北大读书的时候，中国是反对当时的国际秩序的，认为当时世界的政治经济秩序都是不合理的、不公正的。但是改革开放以后，中华人民共和国进入了这个国际秩序，开始从里面改造、改变它，使这些不公正的、不合理的问题一步一步地变成合理的和公正的。

第十章　我和阿拉法特

孔寒冰：提到巴勒斯坦，中国人都知道阿拉法特。您在自己的书中，在我们的交谈中讲了很多有关阿拉法特主席本人的故事，也提及了您和他的关系。我看现在您的办公室里也挂着阿拉法特主席的画像。您可不可以具体谈谈您和阿拉法特主席的关系，以及您对阿拉法特主席的生平和思想的看法？

萨法日尼：阿拉法特主席是巴勒斯坦的民族英雄，是能真正代表巴勒斯坦民族的领袖。阿拉法特主席的一生是革命的一生，他从50年代开始领导和组织巴勒斯坦人民的革命。

孔寒冰：您是什么时候，在什么场合第一次见到阿拉法特的？

萨法日尼：1967年在叙利亚我第一次见到阿拉法特主席，地点是他在叙利亚首都大马士革的一处秘密办公室。这次见面后不久，我就加入了游击队参加抵抗运动，最初是在戈兰高地前线，待了一段时间后去了黎巴嫩南方与巴勒斯坦接壤的地区。1968年，我是巴勒斯坦第二批被派到中国学习军事和政治的游击队员，这些在前面已经讲过了。从相识的那一刻起，我与阿拉法特主席的关系就远远地超出了一名士兵与指挥官的关系，我们一直是以父子相称。阿拉法特主席给予了我父亲般的关怀和慈爱，总是叫我"儿子"，常常在许多场合提起我的名字。在与以色列的斗争中，由于游击队员所处的险恶环境，为了保证仍然居住在被占领领土上的家人安全，我们用的都是别名。我的别名就是阿拉法特主席给起的，跟中国大庆油田的王进喜一样，叫"铁人"，我永远都不会忘记这个别名。在以往的岁月里，阿拉法特主席一直对我关爱有加，每当我给他写公函的时候，总是在落脚处签上"您的儿子萨法日尼"。对此，我内心充满了自豪。这些照片也显示了我和他非同一般的关系，除了我和他的之外，还有他同我们全家的合影，有他妻子和我妻子的合影。

孔寒冰：谈谈您眼中的阿拉法特吧。

萨法日尼：阿拉法特主席是和平的使者，也是战争的英雄。1947 年 11 月 29 日，英美将巴勒斯坦分治决议强加给年轻的联合国。1948 年，以色列在西方大国的支持下发动了针对阿拉伯人民的侵略战争并占领了巴勒斯坦的领土。1956 年，埃及遭到英、法、以三国的侵略。1959 年，阿拉法特主席和他的战友们秘密创建了巴勒斯坦民族解放运动，也就是"法塔赫"，长期以来领导和组织巴勒斯坦人民进行抗争，并于 1965 年初打响了反抗以色列的第一枪。"法塔赫"组织前仆后继，坚持斗争，付出了巨大牺牲，终于将巴勒斯坦问题再次置于联合国大会上，获得了全世界对巴勒斯坦民族权利的认可

第十章 我和阿拉法特

和支持。尽管"法塔赫"取得了地区和国际范围内的胜利，但是此时的阿拉法特主席却第一个站出来呼吁通过和平途径解决巴以冲突，在巴勒斯坦的国土上建立一个所有民族和宗教和睦相处的世俗国家。1974 年，阿拉法特主席在联合国大会上发表的著名演说中讲道："我带着橄榄枝和自由战士的枪来到这里，不要让橄榄枝从我的手中失落。"这句话，他连续重复了三遍。

上个世纪 90 年代，为了响应国际社会的和平倡议，阿拉法特主席将本国的所有派系团结在自己的周围，带领它们步入了以 1991 年马德里国际和平会议为起点的和平进程，巴以相互承认了对方的存在。阿拉法特主席坚持统领巴勒斯坦民族权力机构，因为他相信和平，认为必须推动和巩固和平进程。但令人遗憾的是，在以色列总理拉宾被暗杀之后，和平进程遭遇到以色列各届政府所设置的种种障碍和顽固反对，使其陷入僵局。不仅如此，以色列还认为一贯坚持和平路线的阿拉法特主席是和平道路上的障碍，对他实施了两年多的软禁，最终将他迫害致死。阿拉法特主席曾经多次警告过美国和以色列当局，不要采取有计划的针对巴勒斯坦人民的屠杀和围剿政策，和平进程的裹足不前必将导致巴勒斯坦民族政权的流产。到那时，美国和以色列将不得不与哈马斯组织坐到谈判桌上。以色列各届政府始终否认之前与巴勒斯坦民族权力机构签订的协议，还扬言从来没有什么和谈对象，而且总是单方面地采取行动。阿拉法特主席说过，巴以冲突是一场占领和被占领之间的斗争，只有取消占领，本地区才会有和平、稳定和发展。

我曾经多次安排阿拉法特主席的访华事宜。阿拉法特主席1993年来华访问的时候，我没有经过他同意就在钓鱼台国宾馆为他安排了一场记者招待会，很多中外记者都来参加了。阿拉法特主席问我："到底是电视采访还是记者招待会呀？"我告诉他："主席，这个记者招待会很重要，特别是您刚从华盛顿飞过来。我已经向很多记者发了邀请，记者招待会之后，中国中央电视台还要单独采访您。"记者招待会上，我坐在他的右边，他的新闻顾问坐在他的左边。招待会正式开始之前，我小声对阿拉法特主席说："主席，我能先说几句话吗？"他问："你想说什么？"我告诉他："您听一听就知道了。"然后，我就站起来用中文说："朋友们，大家好！很抱歉，让大家久等了。阿拉法特主席昨天与江泽民主席进行了非常有意义的、相当成功的会谈。大家知道，阿拉法特主席是直接从华盛顿飞过来的，是向友好的中国领导人通报有关巴以双方在前不久签订的原则协议的内容。时间有限，阿拉法特主席日程安排得很紧，希望大家抓紧提问，谢谢合作。"会场随即响起了热烈的掌声。这次记者招待会开得很成功，我能感到阿拉法特主席对我的表现非常满意。

第十章 我和阿拉法特

孔寒冰：您最后一次见到阿拉法特是什么时候？

萨法日尼：我与阿拉法特主席的最后一次见面是在我离任巴勒斯坦驻华大使之后。2003年8月，我回到巴勒斯坦与他整整相处了一个月，阿拉法特主席记忆力很强。有一天夜晚，大概是十点多，我来到他被软禁的官邸，在一间小木屋里和他共进晚餐。他的房内摆有一张长桌，上面堆放着许多文件，有十来个人坐在他的周围。晚饭十分简单，也就是一些烙饼、蜂蜜、黄瓜、鸡蛋等。阿拉法特主席坐在桌子的一头，我坐在他的右边，和他中间隔了一个人。他没有和大家说话，只是一边吃一边思考问题。突然，他递给我几片黄瓜，我吃了。几分钟后，他又递给我一些鸡蛋，我又吃了。他对我说："铁人，我这不是递给你一个人吃的，而是让你

递给你旁边的人。"我当时羞愧极了。在座有一位叫阿拉·侯赛尼的人,他是一位将军,也是巴勒斯坦的警察总长,我们原来是战友,也是好朋友。他对阿拉法特主席说:"您还记不记得 1967 年在黎巴嫩南部前线一身农民打扮的'铁人'?"他接着提醒道:"您不记得穿着德鲁兹民族服装的'铁人'了吗?"阿拉法特主席没有马上回答他,等过了两分钟后才回答说:"我当然记得那个衣着特殊、胸前挂个十字架的'铁人'了。"阿拉法特主席的记忆力真是惊人啊!他甚至记得 1967 年和 1968 年间发生的一些小事。当时我在黎巴嫩南方和巴勒斯坦被占领地区的前线,我是连长,那个地方既敏感又危险,为了不让敌人认出来,我经常乔装打扮。

阿拉法特主席的安全意识很强,他一生经历过几十次以色列的暗杀。虽然有固定的官邸和办公场所,但是他仍然经常换地方,连熟悉他的人都很难预测他的行踪。比如,他离开办公室的时候已经是后半夜了,他周围的人马上准备车队和安全护卫队一起出发。他让专车和相关人员去固定的地方等候,但他下了楼并不是上他的专车,而是坐上另一辆车,走另一条路去固定的地方。大家都以为他随车队走了,实际上却不是这样,他的车队曾遭遇过很多次袭击。再比如,事先约定时间、地点开会,但到时候他却去别的地方,临时改变开会地点,这样的例子不胜枚举。当时在约旦边境有很多我们

的根据地，有一次阿拉法特要去烈士墓地扫墓，他不让任何人陪同，只命令我和另外两个人和他一起开乘吉普车去，那时我刚从中国完成军训回国，车后面放着花圈。司机知道他喜欢开快车，车开了还不到10公里，来到了一条边境上的路，路边全是橄榄树，我们坐在后面的两个人为了他的安全，都提高了警惕，以防意外发生。突然阿拉法特主席大喊一声："停车。"然后他拿起枪就飞快地跑进橄榄树林，我们也跟着跳下车，马上卧倒。面对这样突发的状况，我立刻抬头看天空，没有发现飞机，周围也没有什么动静，我感觉没有危险。这时，阿拉法特主席对我喊了一声："铁人，我们的车里有炸弹！"我听了以后才感觉有点紧张，我警惕地运用从中国学到的军事技术检查了汽车的所有部位，但并没有发现炸弹。我不敢掉以轻心，又仔细检查了一遍，还是什么都没发现。阿拉法特主席这才放心地坐上了汽车，接着又前进了几公里。突然，阿拉法特主席又和刚才一样，命令停车，跑进了树林。于是，我再次检查了一遍汽车，仍然没发现异常。这次阿拉法特主席亲自检查了汽车，突然很严肃地看了我一眼，好像真的发现了炸弹似的。他一边看着我一边用手指着车下，我一看也没有发现有什么异常，只是见到了一条半米长的铁链，行车时它碰到地面会发出像定时炸弹发出的嘀嗒声，我笑了。但他却很严肃地告诉我一定要提高警惕，生命很宝贵，他要死得其所，因为英雄的死重于泰山，敌人的死轻于鸿毛。

由于以色列两年多的软禁，阿拉法特的身体越来越不好。2004年10月29日，以色列占领者不得不同意阿

拉法特主席前往巴黎就医。在他患病期间，我无时不关注着他的健康情况，只要听不到他病情的最新进展，我就根本无法入睡。我多么希望真主能够延长他的寿命，让他能亲眼看到巴勒斯坦解放，看到巴勒斯坦建成以耶路撒冷为首都的独立国家。可是，2004年11月11日，阿拉法特主席还是在法国巴黎去世了，终年75岁。当时我正在中国，亲眼看到了中国这个友好国家对阿拉法特主席患病和去世给予的高度关注，也感受到了中国各阶层、各民族的人民对阿拉法特主席辞世而感到悲痛。毫不夸张地说，中国所有媒体自从阿拉法特主席离开巴勒斯坦飞往巴黎，一直到他归国下葬，都在争分夺秒地跟踪报道，内容主要是关于阿拉法特主席的生平、健康状况以及中国和巴勒斯坦、阿拉伯国家的友谊。中国外交部发言人在一项声明中说："因为他的去世，巴勒斯坦失去了一位伟大领袖和举足轻重的政治领导人，而中国人民和中国政府则失去了一位亲密的朋友。"

孔寒冰：我也记得您说的那个场景。阿拉法特去世后，您在中国还有什么感受？

萨法日尼：阿拉法特主席去世后，中国的很多大学和学术单位都邀请我参加讲座和研讨会，分析今后巴以冲突的发展趋势。比如，北京大学的一位朋友问我："您能不能给我们做一场有关这个话题的讲座呢？"说实在的，阿拉法特主席去世后，我的心情糟糕透了，但还是答应了。于是，北京大学校园里到处都传着这样的消息："巴勒斯坦前驻华大使、阿拉法特的儿子、中国人民的老朋友将要来我校举办讲座。"走进礼堂时，我发现那里挂着阿拉法特主席的照片，整个会场布置得像是在为阿拉法特主席举行追悼会。礼堂里挤满了学生和教师，还有很多人聚集在礼堂外边。本来我是带着准备好的演讲稿去的，但是我没有照着念，而是与学生们直接交流。我对他们说："我曾是一名外交官，也曾当过大使，但我永远是北京大学的一名毕业生。我非常乐意与母校的老师和同学们面对面地交流和沟通。"我用中文讲，学生们认真听，有的还做笔记。讲座和提问，从晚上七点一直持续到十一点，整场活动持续了四个多小时。这让我从另一个角度了解到阿拉法特主席对中国年轻人的影响有多么深。中国人都知道阿拉法特主席，我给您讲我经历过的一些事，都是有利的证明。比如我坐出租车的时候爱和司机聊天，当他问我是哪国人的时候，我说是巴勒斯坦人。但是在中文里，巴勒斯坦和巴基斯坦两个词的发音差不多，很容易搞混，我常常补上一句"阿拉法特"。司机听了以后立刻就明白了，"您干嘛不早说阿拉法特呢？"在中国的任何一个地区，人们都知道阿拉法特是谁。在阿拉法特主席去世的那个悲痛的日子里，我深深地感到了中国人民对阿拉法特主席的独特情感。

孔寒冰：您前面讲了许多您和阿拉法特主席的密切关系，在这方面您还有什么补充吗？

萨法日尼：这方面的例子有很多，我和阿拉法特主席的关系的确是非常密切的。我大概是唯一一个不怕阿拉法特主席的人，在他面前我什么都敢说。比如，2001年他最后一次到中国进行访问。自从江泽民主席访问巴勒斯坦后，我就开始为他着手安排这次访问。他到北京的那天已经比较晚了。根据安排，第二天早上他要去人民大会堂出席欢迎仪式，检阅中国人民解放军三军仪仗队，然后与江泽民主席举行会谈。但是当天晚上我来不及跟他讲这些具体安排，所以第二天一早，当阿拉法特主席的车队出发前往人民大会堂时，我上了他的车。上车后，我开始跟他讲关于中国改革开放之后发生的一些重大事件和取得的成就。可是，阿拉法特主席好像没有听我说话，只是望着窗外，好像在找什么地方一样。难道是因为我昨晚没有提前告诉他？不管他的反应如何，我还是在他耳边不停地说。我知道，作为大使，我有责任提醒阿拉法特主席，他在与中国领导人会谈时应该提到一些最近发生的事情或者我们关心的问题。其实我早就已经准备好了书面材料，发放给了每一位代表团成员，但是对于阿拉法特主席，我应该亲自向他汇报。离人民大会堂只剩几分钟的车程了，我很着急，这时阿拉法特主席看了我一眼说："孩子，你讲的我都在认真听，而且你前一段发表的文章我也读过了。每次我来中国这个友好国家访问的时间都很短,只有一两天的时间,没有时间在北京逛逛,所以你一边讲我一边看看北京的变化,我发现每次来看到的景色都和上次来的时候不一样,这里越来越繁华了,这些都是中国领导人坚持正确的政治路线和中国人民勤劳智慧的结晶。"

江泽民主席为阿拉法特主席举行了十分隆重的欢迎仪式,鸣礼炮21响。随后,宾主双方进入人民大会堂进行会谈。在会谈中,阿拉法特主席讲得比我告诉他的好多了,问题说得更深刻。所以,我特别满意,也特别高兴。当然,我提醒他的那些内容也确实发挥了作用。江泽民主席也很热情,称阿拉法特主席谈到的问题是双方共同关心的,特别是政治和经济方面的问题。

与江主席会见之后,阿拉法特主席又会见了李鹏总理和其他中国领导人。总之,所有的行程都安排得非常好,会见也都很成功。一天的安排结束后,大家都累了,就回宾馆休息了。我去阿拉法特主席下榻的钓鱼台国宾馆18号楼,进去之后,我还没有坐下,又有两三个部长进来了,阿拉法特主席也让他们坐下。我对阿拉法特主席说:"所有会谈都很好,双方对此评价都非常高。"说完这些,我又对阿拉法特主席讲:"我之前跟你说的还是挺管用的吧?以后再有这样的事情,我还会给您提建议。"阿拉法特主席笑着说:"行行行。"就像这样，我时常和阿拉法特主席开玩笑。

在这次陪同阿拉法特访华期间，还有一件事情令我印象比较深。一位部长对我说："萨法日尼大使，您总说您是老北京人，我们这次来北京了，您什么时候带我们出去转转，正好现在也没有什么安排，就当带我们出去透透气，让我们看看北京是什么样的。"我说："没有问题，咱们这就出发，我来开车。"于是，四个部长坐上了我的车，我一直开到了北京饭店，然后，我把车停在那儿，就开始当导游带他们参观北京。我告诉他们："1971年到1972年我刚来到中国的时候，北京这个地方也很穷。北京饭店对面的那座大楼当时还没有，那个地方本来是个公共厕所，到处都是土路，是一个又脏又乱

的地方。可是看看现在,这里比法国的巴黎还好。"我努力地给他们讲解,回忆着每一个地方,每一个建筑。那天天气也非常好,我非常开心,觉得自己是一个很好的导游。他们也很认真地听我给他们讲从"文革"到现在的故事。最后,我们来到王府井大排档,坐在一起喝茶。坐在我们周围的一群人中有会说英语的,于是大家你一句我一句好像开会一样,讨论了很多问题,聊了很长时间,包括中国人民现在的生活水平、民主自由、巴中关系等内容,给我们代表团留下了很深刻的印象。他们说这次和中国朋友的聊天像是公共外交座谈,大家畅所欲言,非常高兴。我当然也很高兴,走出门后随手就将烟头扔在了地上,结果一位七十多岁的女士跟了过来。后来才知道,那位女士是负责卫生监督的,她要求我将烟头拾起来。我的脸一下红了,赶紧说对不起,以后一定改。她说,那也得罚款。结果我就交了罚款,很少的钱,我还表示以后再也不随地扔烟头了。那几位部长不知道发生了什么事,我跟他们讲了以后,他们都笑话我。我们回到住处后,我沉默着不说话。当时,阿拉法特主席还在工作。几个部长去见阿拉法特主席的时候我也没去,而是回了我的房间。后来,阿拉法特主席的警卫来到我房间,说阿拉法特主席请我过去。我觉得肯定有事,就过去了。我坐下后,也没有人说话。后来还是巴勒斯坦人民党总书记先开口说话,我特别喜欢这个人。他说，阿拉法特主席，您问我们的大使今天晚上发生的事情吧。阿拉法特主席没有说什么，倒是大家都笑了。阿拉法特主席就说一定要听我讲。于是一位部长就把这事儿讲给了阿拉法特主席听。阿拉法特主席听了之后也哈哈大笑，然后对我说，要不是这样严格管理，领导就不会是合格的领导，北京就不会那么整洁干净了。虽然是在批评我，但是我很舒服，对我教育也很大。总之，我和阿拉法特主席的关系真的是非常好。

孔寒冰：有一个说法说，您是阿拉法特的干儿子？

萨法日尼：其实，干儿子的说法也是一种密切关系的形象比喻。因为打仗，很多很多人都牺牲了，阿拉法特主席把所有的烈士们的子女都当成他的孩子。我也是他的干儿子，但有点特殊。我父亲去世的时候，我在战场上，也没有见他最后一面。我把这个消息告诉阿拉法特主席了，他对我说："孩子，你可以把我当作爸爸。"从那个时候起，他对我就跟他的儿子一样。无论是当大使还是担任别的什么职务，我在给他的报告或者给他写的信中，署名都是巴勒斯坦驻华大使、您的儿子萨法日尼。我之所以这样称呼是因为比较亲切，不仅如此，我还有一点比较特殊，那就是自己有什么大事都需要请阿拉法特帮着拿主意。

第十一章　阿拉伯信息中心

孔寒冰：2000年，您卸任驻华大使之后，成立了"阿拉伯信息中心"。据说，您聘请了两位北京大学的教授在这个中心工作，每天向22位阿拉伯国家的驻华大使和全世界180家阿拉伯语的媒体发送有关中国政治、经济、文化等各个方面的文章。有一篇报道还引证了您的话："这些都是我亲自挑选的有价值的信息，一字一句翻译出来，传达给阿拉伯世界。我的目标是做一个真正国际性的阿拉伯信息交流平台，让更多资源滚动利用起来。"您能介绍一下这个中心的情况吗？当初您为什么要建立它？

穆斯塔法：在我离任大使之前，确切地说是在1992年，我就以巴勒斯坦驻华大使、阿拉伯驻华使团文化新闻委员会主任的身份，开始撰写一些报道中国政治、经济、科技和社会发展的文章。2002年离任之后，我离开了大使馆，创建了阿拉伯信息中心。其实，早在1997年，我就向阿拉伯大使委员会提出过建立阿拉伯信息中心的想法，以便加强对阿拉伯世界宣传中国的力度以及加强阿中关系。1998年，大使委员会开会讨论过我的这个建议，当时有十位大使组成了一个小组来筹划过这件事，大家就如何建立阿拉伯信息中心发表了意见。遗憾的是，由于种种原因，直到2000年初这个中心仍然没有能够建立起来，但是我始终坚持这个想法，并且着手组织或亲自撰写一些关于中国政治、经济、社会的评论文章，供阿拉伯读者阅读。

正如中国的一句谚语所说，"好事多磨"，经过一段时间的筹备，阿拉伯信息中心终于在2000年底正式成立了，我开始积极地投入工作。这个信息中心的主要功能就是把一些中国政治学家、经济学家、社会学家和中阿关系观察员撰写的评论文章翻译成阿拉伯语，然后分发到阿拉伯大使委员会、阿拉伯各通讯社和研究机构，而信息中心的工作人员并不撰写报道或文章。信息中心选择的文章内容涉及中国政治、经济、社会、对外关系等各领域，如中阿关系、中美关系、中俄关系、中国和邻国的关系、中国经济发展以及中国对阿拉伯局势的态度和立场等等。阿拉伯的各大通讯社对其中的许多文章都进行了转载。

当我在报纸、杂志、网站上看到一篇合适的文章后，就把它翻译成阿拉伯语，但不是"死译"或"硬译"，而是从一个外国人的角度去编译这篇文章。作为一位见证了中国近四十年发展历史的外国人，我在翻译过程中融入了自己的视角，使它更适合于阿拉伯读者阅读。阿拉伯大使委员会是这些文章的最大受益者。一般而言，阿拉伯国家驻华大使的任期为四年，在这四年中，他应当对中国有十分准确的认识。但是要想了解像中国这样一个历史悠久的大国，在这里生活工作四年是远远不够的，甚至十年都不够。更何况当今的中国还在日新月异地发展，时时刻刻都有新的变化。当我们把涉及中国外交、科技进步、外商投资、经济运营、互联网发展、人民生活水平逐步提高等方面的信息和政策翻译成阿拉伯语给他们看时，这些外交官简直如获至宝，他们可以从中直观地了解中国的过去和现在，并分析中国的未来。所以说，这些外交官读者是最大的受益者，这也算是我们做这份工作得到的一种"回报"。如今，阿拉伯信息中心已经积累了三千多篇文章和文摘，内容涉及中国的各个方面和领域。

孔寒冰：您说的就是编译，将最重要的东西介绍给广大阿拉伯读者。除了编译之外，阿拉伯信息中心还做了什么工作？

穆斯塔法：当然做了，而且很多。阿拉伯信息中心的工作不仅仅是翻译文章，还要对文章进行评价和补充。有时还会根据阿拉伯驻华大使的要求，组织撰写或提供一些专题性的研究报告。近年来，由于中国经济的迅速发展和综合国力的增强，世界上出现了一种"中国威胁论"。这种论调错误地认为，如果中国强大了就会对世界构成威胁。为此，阿拉伯信息中心翻译了中国英文报纸《二十一世纪报》上发表的《如果中国醒来，她将震惊世界》一文。该文章从历史的角度，用中国经济发展、亚洲地区稳定等事实说明，如果中国发展了，将有助于世界的共同进步，有利于世界经济的发展和稳定，而不是所谓的"威胁"。阿拉伯信息中心以我的名义翻译和点评了这篇文章，阿拉伯读者明白了事实的真相，从中受到启发。阿拉伯信息中心就是这样，不仅翻译媒体的文章，而且适时地加以评论，正确客观地介绍中国。

自从"9·11"恐怖袭击以来，阿拉伯企业家们从美国撤回了他们的投资，重新寻找政局稳定、投资环境好、安全有保障的投资对象国。他们应该知道，中国的政策稳定、投资环境良好、不会发生大的动荡，这正是阿拉伯信息中心所持的观点并一直以此宣传中国。阿拉伯信息中心是为社会服务的，用阿拉伯语宣传那些报道中国发展、崛起、进步的文章是其不变的宗旨。

孔寒冰：阿拉伯信息中心是一个什么性质的组织？

穆斯塔法：阿拉伯信息中心是非官方机构，不隶属任何部门，也没有任何一个阿拉伯国家给予经济资助，包括巴勒斯坦政府在内。我们自力更生，自筹资金办起了这个中心。有人认为这个中心是半官方的，是有官方背景的，是在中国外交部注册过的，但这些只是人们的猜测而已。实际上它是由个人筹建的，但需要社会各界人士的鼎力支持和帮助。我还希望，随着中国改革开放的深化，规章制度的完善，审批条件的放宽，阿拉伯信息中心能成为一家正式的新闻宣传机构。我们现在只对外介绍中国，把文章译成阿拉伯语给大家看，以后可以吸收大量的中阿双方的语言人才，把优秀的阿拉伯文章译成中文，向中国公众介绍，让他们更多更具体地了解阿拉伯世界。我认为，这样将更有利于中阿友好关系的发展。

历史上阿中关系根深蒂固，源远流长，如今它更是历久弥新，蓬勃发展。在其悠远的发展历程中从未出现过衰退、停滞、紧张或受到威胁，而是根植于历史，启迪了一代又一代人。阿中双方秉持良好意愿，彼此诚实、坦然交往，推动双方关系不断发展。阿中关系是双边国际关系中值得借鉴、赞赏和尊重的典范。

自中国三十多年前实行改革开放政策伊始，阿中关系便进入了新阶段，双方达成了相互交往、相互理解的共识，坚信中国实行的科学的、互利共赢的发展道路是双方富有成效的战略合作关系的最好开端。此后，双方贸易规模不断翻番，从上世纪80年代改革开放初期的几百万美元，发展到2004年的360亿美元，而随着中阿合作论坛的成立，2014年双方贸易规模更是接近了3000亿美元。

此外，习近平主席最近提出了"一带一路"的伟大战略构想，这一构想的谋略、目标和机制将改变地区，影响世界，尤其受益的是中国和我们的阿拉伯世界。

不仅仅是阿中双方政府致力于增进共识、加强互补、实现共赢，同时以文化、新闻和学术精英为代表的双方人民也感受到了目前和未来阶段存在的共同利益，我们将一起推动这一进程不断深入。

阿拉伯信息中心成立于崭新的世纪之初，顺应阿中关系发展潮流，融入其中成为一部分。虽然中心刚成立的时候它的影响力还很有限，但它发展的脚步却令人喜出望外，没有辜负最初的理想、决心与目标。中心很快成为阿中关系非官方层面交流的重要渠道，为中阿国际和地区事务领域的著名专家学者之间的交流，以及中阿友好人士之间的交流提供了平台。

阿拉伯信息交流中心长期举行各种专题的专业研

习、学术讲座和研讨会，在中国成功组织、主办了多场阿中经济活动和贸易研讨会，并在其网站上进行报道。中心还积极推动阿中贸易投资关系的发展，最近几年间，中心帮助了诸多中阿贸易投资企业投身于经济联合发展，并组织了诸多贸易投资代表团的互访活动，引导双方企业参与优质务实的合作项目。

诚然，中心也深刻体会到了中国改革开放所取得的成就。中心会一如既往地积极参与阿中政治、经济，特别是文化领域关系的发展。中心的未来将继续坚持自身的发展宗旨，同时也将见证诚信、坦然的阿中关系迈向更好的篇章。

第十二章　我眼中的朝鲜

孔寒冰：除了驻华大使之外，您还担任过驻老挝、泰国、朝鲜、蒙古等国大使，对这些国家也有非常深入的了解。

萨法日尼：我曾担任过好几个国家的大使，我当驻华大使的同时还担任驻蒙古国大使，在此之前，从1976年到1982年间我同时担任驻老挝和泰国大使，前后共六年。不过我在北京有自己的家，所以经常会回北京。之后我又到朝鲜当了十年大使。1976年从北京大学毕业后直到1991年，我一直和北京大学保持联系，并攻读了硕士和博士学位。

孔寒冰：您先谈谈在老挝当大使那几年的情况吧。

萨法日尼：老挝是一个非常友好的社会主义国家，一直和中国保持睦邻友好的关系。我跟您说过我夫人是老挝人，我和她在北京大学相识相爱。当时在老挝设立大使馆的阿拉伯国家只有五六个，所有外国驻老挝使馆总数也不到30个，但我和各国大使的关系都非常好，老挝和巴勒斯坦的双边关系也不错，但主要是政治外交方面的。在老挝工作生活的阿拉伯人很少，巴勒斯坦人更少，所以我在老挝当大使的时候，工作比较轻松。

我和老挝领导人的关系也非常好。我夫人的父亲是政府官员，先后担任过银行行长和经济部长等职务，是个"老革命"。夫人的亲戚也非常多，所以我经常有机会参加大家庭的聚会，这对我来说是很好的机会，可以更多地了解老挝人民的文化和风俗习惯。老挝人朴素纯真，热情好客。

孔寒冰：朝鲜是一个非常有特点的国家，国际社会对它的内政和外交都有不同的甚至是截然相反的认识和看法。您在朝鲜当了那么长时间的大使，对朝鲜有耳闻目睹的亲身感受，请谈谈您眼中的朝鲜。

萨法日尼：您说得对，每个国家都有不同的国情，朝鲜也不例外。自1973年第一次访问朝鲜起，我就特别关注朝鲜半岛的问题。1982年我很荣幸地被派到朝鲜担任大使，在之后的十年间，我可以自豪地说，两国各领域的合作关系在我们双方的不懈努力下快速发展。此外，我还为两国领导人搭建起沟通的桥梁，成功安排了阿拉法特主席先后五次对朝鲜进行国事访问。因为大使的身份，同时兼任外国使节驻朝鲜使团团长，所以我有很多机会接触朝鲜最高领导人。在这十年里，我学了很多东西，积累了很多经验。

从个人角度来讲，在老挝的时候我夫人生了一男一女两个孩子，但不幸的是男孩不到六岁就因病去世了。孩子的早逝给夫人留下了巨大的精神创伤，导致她之后的很多年都没有生育。在这期间，我们去了很多国家治疗，但都没有什么效果。后来在我担任驻朝大使的时候，在金日成主席和金正日委员长的关怀下，在平壤医生的努力下，我夫人的病终于治好了，之后我们又生了三个孩子。为了表达我全家的感谢之情，我请金正日委员长为我们在朝鲜出生的女儿赐名，他给女儿起名为"金达莱"，是朝鲜国花，并认金达莱当干女儿。从此以后，金达莱在每年过生日的时候都会收到金正日委员长送的礼物。金达莱现在 30 岁，她在北京长大，从初中到大学都在北京学习，毕业于北医三院妇产科专业，如今在北京和睦家医院工作，是一名优秀的妇产科大夫。去年，她在朝鲜人民领袖金正恩的支持下成立了金达莱儿童基金会，致力于为朝鲜的学校等教育部门和医院提供资金和设备,关爱朝鲜儿童的健康成长。

令我记忆犹新的是在 1982 年,当我荣幸地被朝鲜伟大领袖金日成主席接见并递交国书时,这是我第一次站在这个伟人面前。金日成主席身材魁梧,声音洪亮,亲切随和,平易近人。一开始我很紧张,听他讲他和阿拉法特主席的密切关系和他对巴勒斯坦正义事业的全力支持。他要求我努力工作,积极推动双边关系。他还让我把朝鲜当作第二故乡,需要任何帮助或支持,都不要犹豫,要大胆地提出。他还给我分析了国内外的情况和形势。我终于理解了为什么朝鲜人民能紧密地团结在他的领导下,为什么伟大的领导能受到国内外的尊重。金日成主席早在十几岁的时候就踏上了革命征程,为反对

日美帝国主义开展了艰苦的斗争,捍卫了祖国和民族的尊严,成立了朝鲜人民民主主义共和国。他的一生是革命的一生、伟大的一生。他创立了主体思想,并运用在革命和建设的所有领域,把朝鲜建设成为自主、自立、自卫的社会主义国家。朝鲜与巴勒斯坦一直保持着非常密切的关系,虽然自身经济比较困难,但朝鲜还是给我们提供了很多的援助。

孔寒冰:朝鲜向巴勒斯坦提供的都是哪些方面的援助呢?

萨法日尼:朝鲜向我们提供的主要是经济、教育、培训等方面的援助。比如,巴勒斯坦驻平壤的使馆大楼是朝鲜免费提供的,使馆的所有开支都是免费的,包括当地的翻译、工人、保洁员之类都是免费为我们服务。巴勒斯坦驻朝鲜的大使馆和大使的住宅比其他国家的都大。使馆的两辆汽车也是朝鲜提供的,其中大使的车每三年换一辆新的。在1991年阿拉法特主席访问朝鲜期间,金日成主席送给阿拉法特主席一艘价值约500万美元的渔船,用来帮助加沙地带的巴勒斯坦渔民,船名叫"金达莱号",遗憾的是这艘船前几年被以色列炸毁了。此外,朝鲜每年都为我们培训军事方面的人员,还先后培训了大批各领域的专业人才。在我当大使期间,每年有二十多名巴勒斯坦人跟随朝鲜军队进行训练,还有十几位学生在朝鲜上大学,大多是医学专业的。

孔寒冰:我对您在朝鲜当大使的经历特别感兴趣,由于专业的缘故,对朝鲜这个国家也非常感兴趣,朝鲜这个国家对中国人来讲还是比较神秘的。当然,最近一些年,朝鲜也有了一定程度的开放。2014年夏天,我们还到朝鲜旅游了一周。

萨法日尼:你们都去了哪些地方?

孔寒冰:到了平壤、妙香山、金刚山、开城和板门店,但我们都是在导游的带领下,没有也不可能随便走动,只有固定的地方才可以参观。其中看得最多的是与朝鲜领导人或朝鲜社会主义相关的地方，相当于中国国内的"红色旅游"。但不管怎么说，我们对朝鲜还是有了一些直观的认识。

萨法日尼：这些都是非常美丽的地方，我也去过很多次。此外，朝鲜还有很多风景名胜，山清水秀，景色怡人。总之我很喜欢朝鲜。

孔寒冰：您为什么喜欢朝鲜？喜欢它什么地方？

萨法日尼：我确实很喜欢朝鲜，原因很多，有个人的原因，也有爱国的原因，这些我刚才已经说过了。如果再补充一些的话，那就是您去过的大部分地方都是革命圣地。为了让全体朝鲜人民铭记历史，让年轻人知道无数先烈为了人民的解放事业，为了今天来之不易的幸福生活献出了自己宝贵的生命。也为了朝鲜不再受外来的侵略和压迫，武装朝鲜人民的革命思想，朝鲜领导人保护并建设这些革命纪念地来教育后人。我喜欢朝鲜还因为朝鲜人民团结一致在伟大领袖的领导下自主、独立，开辟了符合国情的发展道路。我欣赏朝鲜人民艰苦奋斗的革命精神，克服重重困难，包括西方国家的封锁，高举统一祖国的旗帜，以主体思想武装自己。朝鲜还有很多值得学习的地方，每个国家都有自己的国情，任何国家和人民都有权利制定适合自己的发展道路，朝鲜也是如此。虽然面临很多困难和挑战，但是朝鲜人民热爱和平，希望以和平的方式统一祖国。国际社会也要参与推动朝鲜半岛无核化，我很佩服和支持中国对朝鲜问题的态度和政策，强调朝鲜半岛要自主和平统一。

孔寒冰：您刚才说您跟金日成、金正日还有金正恩的关系都很好。谈谈您对这祖孙三代领导人的印象吧。

萨法日尼：我佩服和尊重朝鲜三代领导人，虽然除了朝鲜人民以外的任何人都没有资格评价朝鲜的三代领导人，但作为友好的朝鲜人民的朋友，我亲眼见证了朝鲜人民紧密团结在三代领导人周围，高举主体思想的伟大旗帜，沿着三代领导人指引的革命方向大踏步前进的历程。朝鲜人民永远拥戴伟大领袖金日成主席为朝鲜人民民主主义共和国主席，永远拥戴伟大领袖金正日为朝鲜劳动党总书记和国防委员会委员长，紧密团结在党和人民的最高领袖金正恩周围，为建设社会主义强国，为实现祖国统一奋勇前进。

我女儿所领导的金达莱儿童基金会，每年都会在光明星节（2月16日）和太阳节（4月15日）举行大型活动，以此纪念金日成主席和金正日总书记的诞辰。

第十三章　不了的北大情

孔寒冰：长期以来，您在致力于巴勒斯坦民族解放事业的同时，还积极促进阿拉伯国家与中国的关系。目前您做的工作之一就是多年坚持给北大外院的阿语系学生上课。您是怎么想到来给北大学生上课的？

萨法日尼：我在北大讲课的起源是与我在中国的学习和工作紧密相关的。现在我教北大外院阿拉伯语专业学生口语课，主要就是用阿拉伯语讲中东问题、中阿关系等方面的内容。我在中国长期从事中阿关系方面的工作，并进行相关课题研究。从上世纪70年代初到现在的四十多年正是中阿关系发展中最重要的一个阶段，而我在这个阶段恰恰是在中国学习和工作的。其实最早可以追溯到 1992 年的时候，当年我重启了阿拉伯大使委员会的工作，并成立了新闻宣传委员会。这个委员会一直到现在还在运作，我一直担任该委员会的主席。为了更好地推动中阿文化等领域关系的发展，我向大使委员会提了很多建议，其中有一条就是每个月安排一位阿拉伯国家大使去比较重要的大学给阿拉伯语专业的学生们讲课，内容是介绍本国的情况或是与中国的双边关系，涉及政治、经济、文化等各领域。通过这样的讲课，不仅能提高学生们的阿拉伯语听力水平，而且也有助于他们了解中阿的双边关系。如果每个国家的大使都能来讲一次、两次甚至更多次，这对阿拉伯语专业的师生肯定会有很大的帮助。毕竟学习阿拉伯语是为了将来能参与中阿关系方面的工作，所以语言能力是必需的，但增加相关知识储备也非常重要。就这样，我是第一个到北京大学阿语系讲课的阿拉伯大使，我给北大学生讲课也就从这个时候开始了。

孔寒冰：您给北大外院阿语系学生上课，具体是从什么时候开始的，主要讲什么内容？

萨法日尼：大概是从 1998 年开始的。起初是每月一次，到后来是每周四节课。讲课内容主要是中阿关系，所以在上课的时候，我很少讲脱离中阿关系的东西，任何有利于推动中阿关系方面的内容都是我讲述的重点。

在学习各领域中阿关系的同时,我们还十分注重语言本身的学习。我教的这些学生都是阿拉伯语语言专业的,学习语言不是一件容易的事,所以我的讲课内容虽然是中阿关系方面的,但实质上最重要的还是要让学生们掌握翻译表达的技巧。他们毕业后会到不同的领域和部门工作,如外交部、商务部、文化部、中联部等。也有的去了国有企业或民营企业。但无论到哪里,他们的主要工作就是和阿拉伯国家的相关部门或企业打交道,所以说他们都是将在未来中阿关系各领域发展中发挥重要作用的桥梁和骨干。就这一点来说,我小时候根本不敢想象自己也能成为他们中的一员。现在我是一位年近

七旬的老人，还能为中阿关系尽自己的绵薄之力，这要特别感谢敬爱的周恩来总理，当年正是在他的鼓励下，我才下定决心努力学习中文。语言是人类进行交流的重要工具，更是不同国家、不同民族之间沟通的桥梁，我很自豪我会说中文。最近几年在一些外交场合，特别是和中阿关系相关的活动中，经常能见到我们北大培养的阿拉伯语翻译陪同在中国领导人身边。他们一见到我，就会抽空和我打招呼："老师您好。"每当此时，我都会特别感动，也很骄傲。回顾自己十几年来在北大和一批又一批的阿拉伯语学生相互学习的点点滴滴，我深知成为一名优秀的翻译所需付出的巨大努力。只掌握发音是远远不够的，还要深入了解这些国家的文化传统和风俗习惯，才能够准确把握对方想要表达的意思。记得我和学生们讲过，1995 年我时任驻华大使和阿拉伯新闻文化委员会主席，中国外交部发言人在一次回答有关中东问题时说道："我们中国政府和人民一贯支持巴勒斯坦人民合法的权利……应该得到合理的解决。"过了几天，在一次大使委员会的会议上有一位大使提出中国政府为什么用"合理"这个词？因为"合理"在大部分字典中都被翻译成"温和的，可以接受的"意思，这让阿拉伯国家觉得用"合理"来形容"解决"不合适，也没有明确地表达中方的立场。但我觉得这个"合理"应该是"合法、合情、合乎道理"的意思，所以我就给大使委员会成员用阿拉伯语详细地解释了中国外交部发言人所说的"合理"的准确意思，它是完全能够表达中方对中东问题的立场和原则的。所以，只有了解中阿历史，了解中阿关系，才能准确地将两种语言相互转换，并让彼此都能明白对方的真实意图。

孔寒冰：您讲课有固定的教材吗？

萨法日尼：作为一位在中国学习、工作、生活将近半个世纪的阿拉伯前外交官，我非常自豪地说这些年来我亲眼见证了这个友好国度的改革和巨变、挑战与发展，更是切身经历了自上世纪60年代以来中阿关系发展的进程。这个学期，我为本科生和研究生课程制定的教学计划和内容，主要围绕中阿友好合作大事记展开，参考外交部发言人、国内外专家和学者的相关评论和观点。

我的课没有固定的教材，授课内容都是我根据当时的国内外情况，选择一些中阿友好合作关系相关的新闻、国际和地区热点问题或者其他一些时事要闻来讲解。比如最近这两年，中阿关系在政治、经济、文化等各领域全面迅速发展，特别是2013年习近平主席提出了"丝绸之路经济带"和"21世纪海上丝绸之路"的战略构想，这个构想不仅成为中阿各方关注的焦点，还一跃成为中亚关系，甚至全球经济发展的热点。因此，"丝绸之路经济带"和"21世纪海上丝绸之路""亚洲基础设施投资银行",以及中共十八届五中全会"关于制定国民经济和社会发展第十三个五年规划的建议"等相关内容都成了我这个学期的重要教材。

孔寒冰：您在北大讲课有报酬吗？

萨法日尼：我教课很自豪，也很高兴，而不是为了钱。我已经退休了，但是我每个月来北大上课要拿出三千多元来回打的。为什么这样做？我觉得我有责任也有义务。实际上我是很累的，早上必须六点半起床，七点半就得到北大，通常要比学生早来半个小时。上午的课一直要讲到中午十二点。尽管如此，我觉得很舒服。我跟学生的关系也不仅仅是老师和学生的关系。我有时候也会脱离要学习的重点谈论些别的问题。我告诉他们，我的阿拉伯语发音非常好，你们必须好好听。学生也乐意来上我的这门课。我在课上讲的、我们所交换的意见肯定对他们都是有帮助的。我已经到了比较大的年龄，也曾经考虑过休息不教了。但后来我发现我停不下来，特别愿意给学生们上课。有时我来不了北大，我就让学生去我那里。能做这些工作，我觉得非常重要，感觉很自豪。在巴勒斯坦我有很多的朋友，他们不知道我在中国干什么，以为我是为了赚钱。我告诉你，我很喜欢中国驻阿拉伯国家的一些老外交官。他们是真正的中阿友好的使者，在推动中阿关系方面发挥很大的作用。他们阿拉伯语的水平都很高。所以，我希望现在的阿语学生将来也能像这些老外交官一样，我也愿意为此做出自己的贡献。

孔寒冰：给北大学生上了这么多年的课之后，您觉得北大在阿拉伯语教学、培养阿拉伯人才方面有哪些方面需要改进或完善的？

萨法日尼：上个世纪70年代的时候，北大这儿有阿拉伯国家的教授，他们都是很有名的专家、教授。这些外教对于阿拉伯语的教学来说是非常重要的。可是，现在我发现没有那么多的专家在北大讲阿拉伯语了，所以我觉得还是有必要邀请更多的阿拉伯国家的学者来北大授课。

孔寒冰：据您了解，北大培养的学阿语的学生中有没有阿拉伯语或阿拉伯问题的专家？如果有的话，您跟他们有联系吗？

穆斯塔法：当然有，而且不止一两个。北大的阿拉伯相关专家不少，都是很著名的，各个领域的都有，如阿拉伯语言文学方面的专家，也有阿拉伯问题研究方面的专家。我与他们的关系都很好，与他们交流的机会也比较多。

孔寒冰：这个学期您的课堂上有多少学生？

萨法日尼：这个学期是两个班，一共 18 个人。一个班是大学四年级的学生，另一个班是研究生。其中，研究生的课在上午，两节课。如果我身体状况允许的话，每周应该上两到三次。我觉得他们说阿拉伯语应当跟我一样，口音更标准一些。

第十四章　我观"一带一路"

孔寒冰：您在给北大外院阿语系学生上课时，常常讲一些阿中关系的最新发展，其中就包括与阿拉伯国家有重大关系的"一带一路"问题。您也告诉过我，您对中国的"一带一路"有比较独特的看法，在这方面也做了不少工作。

萨法日尼：关于"一带一路"，这两年来我参加了很多相关论坛和研讨会。对于这个伟大的战略构想，我也有自己的切身体会和独到见解。2015年5月16日至19日，我参加了在福州举办的"亚洲合作对话——共建一带一路务实合作论坛暨亚洲工商大会"，与会嘉宾有外交部副部长刘振民、福建省领导以及来自五十多个亚洲国家的代表。我在大会上的发言受到了专家和媒体的好评。2015年7月29日至30日，我参加了在中阿合作论坛框架内由阿中友协在开罗举办的"一带一路研讨会"。2014年12月18日，受宁夏回族自治区政府的邀请，我和阿曼、约旦及阿拉伯国家联盟驻华大使一行四人，参加了宁夏大学"中国阿拉伯研究院"成立大会，并在宁夏大学"大使论坛"上发表演讲。上述三次会议都给我留下了深刻的印象，而我的每次会议发言都具有鲜明的"萨法日尼"特色，因为这些都是一位亲眼见证中国四十多年发展变迁的老外的切身感受。

孔寒冰：能不能讲一讲您刚才说的萨法日尼特色？

萨法日尼：比如，这个学期我选择了习近平主席2014年6月在第六届中阿合作论坛部长级会议开幕式上的讲话当作给学生上课的范文。他这个讲话的题目是《弘扬丝路精神，深化中阿合作》。

我觉得，习主席的讲话是历史性的，回顾了中阿2000年以来的友好合作关系，展望未来的美好前景，给各个阿拉伯国家的领导人留下了深刻的印象。与会者包括科威特首相、阿拉伯联盟秘书长以及二十多个阿拉伯国家的外长们，他们都赞同习主席的讲话并给予高度评价。习主席的讲话是未来中阿合作明确的、详细的、很全面的路线图。他提出坚持共商、共建、共享原则，推

进中阿共建"一带一路",构建以能源合作为主轴,以基础设施建设和贸易投资便利化为两翼,以核能、航天卫星、新能源三大高新领域为突破口的"1+2+3"合作格局,推动务实合作升级换代。中方鼓励本国公司从阿方进口更多的非石油产品,并优化贸易结构,提高中阿双边贸易额,力求在未来十年内达到 6000 亿美元。同时,中方还鼓励本国公司加大在阿拉伯国家能源、化工、农业、制造业和服务业等领域的投资,从而增加中国在阿拉伯国家的非金融投资储备,从 2014 年的 100 亿美元,在未来十年内增长到 600 亿美元。以核能、航天卫星、新能源三大高新领域为突破口,努力提升中阿务实合作层次。同时,双方探讨设立"中阿技术转移中心",共建"阿拉伯和平利用核能培训中心"。

说实在的，除了内容之外，我从感情上来说特别能理解习主席的这篇讲话。习主席走上讲台后就用阿拉伯语说"萨拉姆——阿来孔"。这句话的意思是"和平属于你们"。习主席第二句话说："同阿拉伯朋友见面，总有一见如故的感觉。"最后他也是用阿拉伯语来结束讲话的。从感情上来说，习主席用阿拉伯语和阿拉伯领导人讲话，就像挚友一样拉近了彼此的关系。而讲话内容则丰富了阿中在政治、经济、文化领域的双边关系。习主席是在 2013 年末访问东南亚和中亚期间提出"一带一路"的战略构想的。刚开始，我并没有深入地理解它的意义，以及它将对中国和其他发展中国家的影响。但是自 2014 年 6 月习主席在中阿合作论坛上发表讲话之后，我开始深入地研究"一带一路"战略。

所以，在讲课中，我提出了几个有关"一带一路"的问题，和同学们一起用了整整一个学期的时间进行研究和回答。这些问题包括：为什么说习主席是通过深入全面研究并正确地判断国内外形势后提出共建"丝绸之路经济带"和"21 世纪海上丝绸之路"战略构想的？为什么说习主席是在合适的时期提出这一战略构想的？为什么说习主席提出来的"一带一路"是"对症下药"？为什么说习主席提出的这一战略构想是长远性、开放性和全球性的战略？为什么说"一带一路"中的"一带"是经济发展安全带，而"一路"是经济发展道路也是互利共赢之路?为什么说"一带一路"倡议是实现中华民族伟大复兴中国梦的基础和条件,同时也给世界带来了又一次更好更大的经济发展的机遇?为什么说"一带一路"是互利共赢之路,是把目前中国和世界面临的挑战和风险转变成经济发展的机遇?为什么说"一带一路"是中国外交历史上的一个亮点?"一带一路"给中国,阿拉伯国家以及相关国家能带来什么好处?

孔寒冰:您想的可真细,根据您的看法,"一带一路"能给有关国家带来什么好处?

萨法日尼:我认为,"一带一路"将给世界带来现实的收益,会带动沿线六十多个国家的经济发展,将人口占全球63%、GDP占全球总量55%的亚洲、欧洲和非洲大陆的经济更加紧密地结合起来,推动各国基础设施建设和体制机制创新,创造新的经济和就业增长点,增强各国经济内生动力和抗风险能力。

孔寒冰:"一带一路"会给中国带来什么好处?您怎么看?

萨法日尼:中国在改革开放三十多年里积累了巨大的经济能力和金融财富,2014年中国国内生产总值超过10万亿美元,居世界第二。外汇储备2014年超过4万亿美元,居世界第一。中国已经复兴并重回世界大国和先进国家的行列，同样全世界也从中国的跳跃式发展中受益。中国经济已经成为世界经济发展的重要及主要推动力，对世界经济增长的贡献率达到三分之一。这个比例十分高，显示了中国的重要性及其推动人类发展的能力。中国巨大的人口并没有对世界造成负担，相反中国在粮食方面自给自足并大量出口，养活了许多人。所以"一带一路"可以帮助中国更好地应对欧美经济复苏迟缓、产能过剩等许多不稳定因素给中国经济发展带来的挑战和风险，帮助中国使中西部地区由原先的"内陆腹地"变成现在的"开放前沿"，为顺利全面建成小康社会、实现中华民族伟大复兴的中国梦提供很有力的条件和保证。

孔寒冰："一带一路"会给阿拉伯国家带来什么好处？

萨法日尼：虽然我们阿拉伯世界在一定程度上较晚才搭上中国快速发展的列车并坐在车尾，但是双方在贸易投资等领域的务实合作显著上升，阿中贸易额在改革开放初期不超过 2 亿美元，到 2004 年成立阿中合作论坛之际已超过 360 亿美元。阿中合作论坛为双边关系的发展制定了框架，推动双边关系进入新的发展和进步阶段，上升到战略关系水平。虽然部分阿拉伯国家正经历动荡和危机，但是 2014 年双边贸易额仍接近 2600 亿美元，同比上涨 5.16%，中国成为阿拉伯国家的第二大贸易伙伴，而阿拉伯国家则是中国的第六大贸易伙伴。2014年中国对阿拉伯国家直接投资达到了21亿美元，此外，阿拉伯国家是中国最重要的能源伙伴。2014年中国从阿拉伯国家进口石油1.37亿吨，占其石油进口总量的45%。

孔寒冰：也就是说，中国的"一带一路"战略也将给阿拉伯世界带来现实收益，进一步促进中国和阿拉伯国家之间关系的发展。

萨法日尼：没错，是这样。阿中有着深厚的传统友谊，两千年前古丝绸之路就开启了中国与阿拉伯世界友好往来的大门。阿中之间经济优势具有很强的互补性。阿拉伯地区资源丰富，是中国最重要的能源伙伴，特别是石油和天然气。另一方面，阿拉伯地区是世界上工业化，特别是制造业最落后的地区之一。美国及其盟友为了保护自己在该地区的自身利益对伊拉克发动战争，点燃了教派和宗教之间的战火，导致了地区内部的动荡和战乱。现在，我们正面临着众多被战争摧毁的阿拉伯国家的重建工作。伊拉克、也门、叙利亚、利比亚和巴勒斯坦等国的基础设施重建需要几十年的不懈努力，这为中国的中小企业参与到这些长期的重建工作提供了黄金机遇。

从地理位置上来看，阿拉伯国家位于"一带一路"

的西端交汇地带，是中国推进"一带一路"建设的天然和重要的合作伙伴。2014年6月，习近平主席在中阿合作论坛第六届部长级会议开幕式上发表的重要讲话为下一阶段的中阿合作制定了路线规划。他强调，"一带一路"将推动中阿在铁路、公路、港口、民航、电信等领域的合作，推进基础设施互联互通。拓展金融、核能、航天等新领域合作，在和平利用核能、卫星制造与发射等领域开展具体项目的合作，深化油气领域上下游合作，开拓太阳能、风能等可再生能源领域合作，实现双方发展长期规划的对接。争取中国对阿投资存量从去年的100亿美元，在未来十年内增至600亿美元以上。争取中阿贸易额从去年的3000亿美元，在未来十年内增至6000亿美元。

孔寒冰：所以，在您看来，"一带一路"战略的意义对阿拉伯人而言更为重要。

萨法日尼：作为一个长期生活在中国的巴勒斯坦外交官，我是真心这样认为的。阿中友谊的历史和文明深度是久远的，两千年前开启的丝绸之路的历史积累，书写了阿中友谊的历史篇章，双边关系在新中国成立50年来不断发展，中国与阿拉伯国家双方相互同情、相互支持。丝绸之路经济带覆盖了包括中国、西亚和欧洲在内的地区，海上丝绸之路从中国起航，途径东南亚、印度洋和阿拉伯海抵达阿拉伯湾地区，与我们的阿拉伯地区接触。从阿中双方的层面来讲，这一道路的成功与阿拉伯国家的关系更为密切。阿中双方的经济互补性强，而阿拉伯国家处于连接三大洲之地，战略地位十分重要。同时阿拉伯国家拥有丰富的自然资源、石油和天然气，拥有3亿人口的大市场。但是，阿拉伯国家又是最薄弱的工业生产地区之一。战争给利比亚、伊拉克、也门、叙利亚和巴勒斯坦等国造成了破坏，我们面临着一条很长的重建之路，面临着全面重建的阶段。所有这些都赋予了阿中实施"一带一路"战略构想的实际内容。

孔寒冰：前面您讲了"一带一路"对中国、对世界、对中国和阿拉伯国家关系的影响。那么从整体上说，您如何评价"一带一路"这个战略构想呢？

萨法日尼：命运让我成为少数经历过中国的"文化大革命"并饱尝那一段历史的外国人，也是少数经历过中国改革开放、享受到发展成果的外国人。同时，我还是中国实现的所有进步和成就的见证者，更是阿中关系在过去半个世纪发展至今的近距离参与者。

在我看来，"一带一路"发展战略是"发展之路"和"安全之带"。

今天，中国经济发展面临着来自内外部的风险和挑战。国际形势的风云变幻、2008年秋天发生的世界金融危机以及世界经济增长缓慢导致欧洲市场对中国进口商品需求疲软，对中国的生产和发展造成了直接影响。中国的中小企业在过去数年间所习惯的生产力和生产量对自身的发展也越来越不利，许多产品积存在仓库中寻找替代市场，给这些企业造成了前所未有的风险和挑战。此外，中国中西部地区与沿海地区和大型城市之间存在发展不平衡的问题。2000年中国中央政府制定了西部大开发战略，多次安排外交使节访问该地区，几乎每一次我都参加了。没有到过西部的人无法想象该地区地域的广袤，它几乎占中国国土面积的三分之一，同时也无法想象该地区发展的复杂性和困难程度。西部地区人口稀少，民族众多。20年前中国就制定了西部大开发战略，但是，西部仍是中国最落后的地区。过去几年中国经济增长速度也放缓，2014年中国国内生产总值增长率为7.4%，而2015年增长率降到了7%以下。

在这种情况下开始实施的"一带一路"战略对中国和世界的重要性不亚于改革开放政策。如果说邓小平设计的改革开放政策将中国从一个经济落后、政治孤立的国家变成今天的世界第二大经济体、世界经济发展的主要支柱和维护世界和平、稳定的重要基础力量，那么我认为，"一带一路"战略既是为了实现中华民族伟大复兴的中国梦，同时也像过去30年的改革开放政策一样为全世界提供了新的发展机遇。这是中国外交在新时期的闪光点，它将再次改变世界的面貌，成为世界经济增长的新发动机。

新中国自成立伊始已经给世界提供了两次发展机遇，即改革开放政策和"一带一路"战略。那些从一开始便抓住第一次机遇、坐上中国高速发展列车前排车厢的人，如今获益最大，是该政策的最大受益者。现在第二次机遇来了，它向我们展示了所有的内容和动向，我们阿拉伯人从许多方面来讲都必须赶上这趟发展列车的前排车厢。

为推进建设"一带一路"发展型战略，中国主导成立亚洲基础设施投资银行，以满足亚洲各国在基础设施建设方面的基本需求，而基础设施建设正是经济增长最重要的条件和基础之一。此外，它还将推动区域发展、增强成员国应对各类金融危机及风险的能力，进而推动世界经济复苏。作为地方政府间旨在促进亚太地区基础设施发展、降低对西方控制下世界银行和国际货币基金组织依赖的金融机构，亚投行与"一带一路"战略有着密不可分的联系。亚投行的成立，是提高中国在经济、政治领域国际地位至关重要的一步，同时展现出中国的经济实力、承担国际责任的迫切意愿以及对某些日益增长的国际职责、改良并完善现行国际经济秩序承诺的严格履行。阿盟的创始成员国，如约旦、埃及、科威特、阿曼、卡塔尔、沙特、阿联酋，在 2014 年 10 月 24 日亚投行成立之日便签署了特别谅解备忘录。2015年6月29日由来自57个创始成员国的57名代表共同签署了新银行创建协议。

  总之，我高度评价"一带一路"的战略构想，祝愿它实施顺利，推动中国和世界经济向前发展。

致　谢

　　没有许多人的帮助，这本口述实录是不可能顺利完成的。除了李岩松副校长、国际合作部夏红卫部长等领导的支持外，首先应当感谢的是穆斯塔法·萨法日尼大使。他不仅抽出宝贵的时间做访谈，还提供了许多老照片，大大增强了本书的历史真实感。在书稿成型之后，穆斯塔法大使又极为认真地进行一字一句的修改，增补了不少内容。国际合作部的陈峦明先生一直极为耐心、非常周全地安排对穆斯塔法大使的访谈，在出版社和作者之间进行高效的沟通。不仅如此，对穆斯塔法进行的最后一次访谈就是由他进行的。国际关系学院项佐涛副教授一直以来就是我最得力的助手，这本口述实录在成书过程中也得到了他的协助。最后，北京大学出版社的丁超、周彬的辛勤工作，不仅保证了本书的顺利出版，而且使之大为增色。

限于时间和其他一些条件，尽管作者做了最大的努力，本书仍会有这样或那样的不足，敬请读者批评指正。